Der **perfekte** Kräutergarten

David Squire

Der **perfekte** Kräutergarten

EDITION XXL

Erstveröffentlichung in Großbritannien 2006
unter dem Titel „The Herb Garden Specialist"
by New Holland Publishers Ltd

Genehmigte Lizenzausgabe
EDITION XXL GmbH
Fränkisch-Crumbach 2008
www.edition-xxl.de

Übersetzung: Maya Hasenbeck,
Isabelle Mombaur, Ernestine Monville-Raabe

Layout, Satz und Umschlaggestaltung:
SAMMÜLLER KREATIV GmbH

ISBN (13) 978-3-89736-247-5
ISBN (10) 3-89736-247-3

Inhalt

Vorwort

Küchenkräuter gehören zu den ältesten und bekanntesten Pflanzen. Im Mittelalter wurden sie benutzt, um den Geruch von gammeligen Speisen zu überdecken, aber auch, um einem sonst eher eintönigen und faden Gericht einen interessanteren Geschmack zu geben.

Küchenkräuter werden auch heute noch vielfältig eingesetzt: Manche geben einem Essen einen unverwechselbaren Geschmack. Mit anderen werden Salate, Sandwiches oder andere Gerichte garniert.

Auch besinnen sich viele Menschen wieder auf die Heilkraft der Kräuter, mit denen früher Krankheiten hauptsächlich geheilt wurden.

Heute sind Küchenkräuter in fast jedem Garten zu entdecken, egal wie groß oder klein er auch sein mag. Sie können aber genauso gut in Pflanzgefäßen im Hof, in Balkonkästen oder in Töpfen auf der Fensterbank angepflanzt werden. In diesem reich illustrierten und praktischen Buch finden Sie viele Kräuterarten beschrieben.

Die meisten Pflanzen wachsen besonders gut im gemäßigten Klima, einige sind winterfest, andere brauchen Schutz gegen kältere Wintertemperaturen.

Dieses Buch zeigt Ihnen auch, wie Sie Kräuter richtig ernten, konservieren und nutzen können, ebenso, wie sie gepflegt und selbst durch Samen, Ableger oder Teilung gezogen werden können. Viele Kräuter eignen sich auch gut für kleine Sträuße und Blumenarrangements.

Nicht nur Ihr Garten wird durch die Anregungen dieses Buches bereichert werden, auch Ihre Gerichte bekommen durch die Kräuter eine besondere Note.

- **Jahreszeiten**

Durch das Buch erfahren Sie auch, wann Sie sich besonders um Ihre Pflanzen kümmern sollten. Natürlich gibt es sowohl globale als auch regionale Unterschiede in Bezug auf Wetter und Temperaturen. Hier im Buch werden die vier Jahreszeiten als Basis gesehen und noch einmal unterteilt in früh, mittel und spät, also z. B. Frühsommer, Hochsommer und Spätsommer. Diese 12 Unterteilungen des Jahres können dann auf die entsprechenden Kalendermonate übertragen werden und helfen Ihnen hoffentlich, sie an die Klimaverhältnisse in Ihrer Region anzupassen.

Hinweis
Schwangere Frauen sollten vor dem Verzehr von Kräutern und Kräutertees erst Ihren Arzt befragen.

Und los geht's!

Was sind Kräuter?

• Ist es schwierig, Kräuter zu ziehen?
Die Antwort ist: Nein. Die meisten Kräuter sind ganz einfach in Rabatten oder Beeten, allein oder mit Zierpflanzen gemischt, zu ziehen. Sie fühlen sich in so genannten Wagenrad-Kräuterbeeten oder in Beeten, die wie Schachbrettmuster angelegt sind, in Blumenkästen, in dekorativen Kräutertöpfen oder in Kübeln und Trögen auf Balkonen wohl. Daran sehen Sie schon, wie einfach es ist.

Die meisten Kräuter sind winterhart. Einige, wie z. B. Minze, kommen jedes Jahr wieder und vermehren sich so stark, dass der Topf bald überfüllt ist und das ganze Büschel herausgeholt und geteilt werden muss.

• Welche Teile der Kräuter kann man verwenden?
Von den angebauten Kräutern können ihre Blätter, Blüten, Samen, Stängel und Zwiebeln genutzt werden. Im Kapitel „Küchenkräuter von A bis Z" (s. S. 54–117) werden diese Teile genau beschrieben.

• Die beliebtesten Pflanzen
Von den vielen Küchenkräutern sind sechs (s. unten) besonders beliebt, aber natürlich gibt es noch viele andere. Sie alle geben Speisen und Getränken einen ganz besonderen Geschmack oder werden auch gerne zum Garnieren von Gerichten genommen.

Schnittlauch
Zwiebelgewächs mit röhrenförmigen, nach Zwiebel schmeckenden Blättern (s. S. 58).

Salbei
Er hat grau-grüne, runzelige Blätter, wird frisch oder getrocknet verwendet und besonders gerne für reichhaltige Fleisch- und Geflügelgerichte, aber auch für Füllungen benutzt (s. S. 106).

Minze
Es gibt verschiedene Arten, die bekannteste ist die Grüne Minze (s. S. 90).

Estragon
Die Blätter werden zum Würzen von Omeletts, Fleisch- oder Fischgerichten verwendet (s. S. 70).

Petersilie
Sie wird gerne zum Garnieren von Speisen genommen und auch häufig Soßen hinzugefügt (s. S. 101).

Thymian
Bekannt für seine aromatischen Blätter, mit denen viele Speisen gewürzt werden (s. S. 114).

Einige Kräuter eignen sich besonders gut für Balkonkästen oder Tröge. Selbst hohe Kräuter können darin angepflanzt werden, solange sie noch klein sind.

Der Wachstumszyklus der Pflanzen

Die Zyklen sind weit gefächert und zeigen so auch die Vielfalt der Gartenpflanzen.

- **Einjährig:** Diese Pflanzen werden ausgesät. Sie wachsen, blühen und sterben innerhalb eines Jahres ab.
- **Zweijährig:** Diese Pflanzen wachsen und blühen in einem Zwei-Jahres-Zyklus.
- **Zwiebeln:** Das sind geschwollene Speicherorgane, die aus fleischigen, eng aneinander- und übereinanderliegenden Schuppenblättern bestehen.
- **Stauden:** Diese mehrjährigen Pflanzen sterben im Herbst ebenerdig ab und treiben im Frühling neu aus.
- **Sträucher:** Sie haben eine holzige Struktur und gedeihen viele Jahre lang. Manche sind winterhart, einige sind empfindlicher und können im gemäßigten Klima einige oder sogar alle Blätter verlieren, andere wiederum sind immergrün.

Wenn Steinbecken so aufgebockt werden, dass Regen- und Gießwasser gut abfließen können, können auch darin viele typische Kräuter angepflanzt werden.

Küchenkräuter oder Heilkräuter?

• Was ist der Unterschied?

Küchenkräuter werden zum Kochen verwendet. Manche eignen sich aufgrund ihrer aromatischen Blätter ausgezeichnet zum Würzen von Speisen, andere Pflanzen produzieren aromatische Samen oder Stängel, wieder andere haben köstliche Zwiebeln. Einige, wie z. B. Meerrettich oder Süßholz, haben Wurzeln mit einem starken, scharfen Geschmack.

Heilkräuter sind Pflanzen, die man schon seit Jahrtausenden verwendet, um körperliche Leiden zu lindern. Einige Kräuter kann man sowohl als Küchenkraut als auch als Heilpflanze nutzen.

Basilikum, Minze, Petersilie, Rosmarin und Thymian gehören unter anderem zu den bekanntesten Küchenkräutern.

• Welche Teile werden bei den einzelnen Küchenkräutern verwendet?

Bei den Küchenkräutern werden oft sowohl die Zwiebeln als auch der Samen und die Blätter verwendet.

1. **Blätter:**
   Salbei (wie hier abgebildet), Minze und Petersilie werden ihrer Blätter wegen angepflanzt.
2. **Stängel:**
   Die Stängel der Engelwurz werden kandiert als Kuchendekoration verwendet.
3. **Wurzeln:**
   Die Wurzeln des Meerrettichs werden klein gehackt, um eine scharfe Soße daraus herzustellen.
4. **Blüten:**
   Blüten wie die der Ringelblume werden zum Garnieren von Speisen genommen.
5. **Zwiebeln:**
   Knoblauch ist ein ganz beliebtes Küchengewürz, mit dem Gerichte und Aufläufe gewürzt werden. Man kann ihn in die Speisen auch hineinreiben.
6. **Samen:**
   Küchenkräuter haben Samen, die sich zum Würzen von Speisen, aber auch von Getränken eignen.

Küchenkräuter

Küchenkräuter sind unterschiedlich groß: Es gibt sie von Bodendeckern über buschartige Thymianpflanzen bis hin zur herausragenden Engelwurz, einer großen, winterharten, zweijährigen Pflanze, die aber auch als staudenähnlicher Jahresblüher angepflanzt wird. Einige Küchenkräuter haben auch heilende Wirkung. Dazu gehört die gerade genannte Engelwurz, Anissamen, Dill, Fenchel, Petersilie und Rosmarin. In diesem Buch werden sie als Küchenkräuter behandelt und Sie können im Kapitel „Küchenkräuter von A bis Z" auch einige historische Informationen über sie finden.

Heilkräuter

Auf der ganzen Erde verteilt finden wir Pflanzen mit heilenden Eigenschaften, die in der Medizin verwendet werden. Wie schon gesagt, gehören auch einige Küchenkräuter dazu. Andere Pflanzen haben ausschließlich heilende Wirkung. Zu den bekanntesten gehört wohl *Atropa belladonna* (Belladonna, auch bekannt als Tollkirsche), die das Arzneimittel Atropin in sich trägt, mit dem Augenleiden behandelt werden. Der Name wird von den italienischen Worten *bella* und *donna* abgeleitet, die „schön" und „Dame" bedeuten, denn in der Renaissancezeit vergrößerten und verschönten die Damen damit ihre Pupillen.

Von anderen Pflanzen kann man nicht so interessante Geschichten erzählen, sie werden jedoch wegen ihrer medizinischen Bedeutung sehr geschätzt. Der *Urtica dioica* (Brennnessel), die sogar auf Brachland und an Straßenrändern wächst, wird nachgesagt, dass die römischen Legionen sie auf ihrem Eroberungszug durch Europa verbreitet haben. Man erzählt, dass sie unter dem kalten, nassen Wetter des Nordens gelitten und ihre Gliedmaßen mit den Brennnesseln eingerieben haben, um so die Durchblutung anzuregen. Sie lindern außerdem Rheumaleiden und Zahnschmerzen.

Es gibt noch viele andere Heilkräuter mit interessanten Geschichten, aber wir konzentrieren uns hier auf die Kräuter, die in der Küche Verwendung finden.

Geschmack in Hülle und Fülle

Der Duft und Geschmack vieler Küchenkräuter ist so intensiv und unverwechselbar, dass man sie aus jeder Speise herausschmeckt. Einige runden das Gericht geschmacklich ab, von anderen wird sogar gesagt, dass sie den Geschmack der jeweiligen Speise herausziehen. Das Gewürz, das verwendet wurde, ist jedenfalls immer unverwechselbar.

Einige Kräuter haben mittlerweile Kultstatus, Knoblauch gehört beispielsweise dazu. Extremer könnten die Meinungen nicht sein: Einige französische Köche fordern, dass der natürliche Geschmack der Speise erhalten bleiben soll, und meinen, dass Knoblauch nur von unerfahrenen Köchen benutzt wird, während andere ihn ganz begeistert verwenden ihn großzügig ins Essen geben oder die Auflaufform damit einreiben.

Im antiken Rom und auch zur Zeit Shakespeares im sechzehnten Jahrhundert wurde behauptet, dass Knoblauch nach Vulgärem riecht. Laut dem Volksglauben und der Mythologie soll er sogar Vampire abschrecken. Im medizinischen Bereich wird Knoblauch gerne angewendet bei der Heilung von Asthma, Husten und Heiserkeit.

Rosmarin- und Thymianzweige

Kräuter in der Küche

- **Wie werden Küchenkräuter genutzt?**

Sie werden ganz unterschiedlich eingesetzt, mal zum Würzen von Speisen, mal zum Garnieren, um aus den Speisen eine noch größere Augenweide zu machen. In dem Kapitel „Küchenkräuter von A bis Z" (s. S. 54–117) finden Sie eine große Auswahl an Küchenkräutern, wie sie angewendet werden können bzw. mit welchen Speisen sie sofort assoziiert werden. Man kann Küchenkräuter trocknen oder einfrieren (s. S. 136–139) und sie auf diese Weise den ganzen Winter über, wenn keine frischen Kräuter zur Verfügung stehen, verwenden.

- **Würzen**

Kräuter sind bestens dafür bekannt, Speisen einen bestimmten Geschmack zu geben. Wir wissen ja schon, dass sie in früheren Zeiten auch dafür verwendet wurden, mit ihrem Aroma den Geruch gammeliger Speisen zu überdecken. Heute werden sie eher zurückhaltend verwendet, um so den Geschmack eines Gerichts abzurunden. Nutzen auch Sie die Kräuter erst einmal sparsam, bis Sie ihre Wirkung kennen.

- **Garnieren**

Blätter, Samen und Blüten werden oft verwendet, um eine Speise attraktiver aussehen zu lassen, obwohl einige Kräuter auf diese Weise auch noch den Geschmack unterstützen. Die Attraktivität von Blüten wie z. B. der der *Calendula officinalis* (Ringelblume) wird genutzt, um Salate farbig aufzupeppen, die Blüten des Borretsch werden eher für Kaltgetränke wie z. B. Claret Cup (eine Bowle aus Rotwein, Brandy, Zitronensaft und Zucker) verwendet, um das Auge des Betrachters zu erfreuen und den Getränken einen erfrischenden Touch zu geben. Trotzdem sollen die Blüten weder die Speisen noch die Getränke geschmacklich dominieren.

- **Tees**

Kräutertees, entweder aus einem einzigen Kraut oder aus mehreren Kräutern bestehend, werden schon seit ewigen Zeiten wegen ihrer wohltuenden Wirkung geschätzt. In einigen Teemischungen werden auch Küchenkräuter verwendet wie z. B. Melisse, Ysop, Majoran und Salbei. Melissentee ist sehr erfrischend, wenn Sie sich matt fühlen. Wenn Sie Tee aufbrühen, nehmen Sie möglichst frische, junge Blätter und meiden Sie solche, die von Schädlingen oder anderen Pflanzenkrankheiten befallen sind.

- **Was sind Kräutermischungen?**

Wie der Name schon sagt, handelt es sich hierbei um gehackte Kräuter, die frisch oder im getrockneten Zustand meistens Fleisch- oder Fischgerichten hinzugefügt werden. Hauptsächlich werden in diesen Mischungen Salbei, Thymian, Majoran und Petersilie verwendet, obwohl auch andere je nach Geschmacksrichtung hinzugefügt werden können.

- **Was sind *fines herbes*?**

Das ist der französische Begriff für sehr fein gehackte Kräuter wie z. B. Schnittlauch, Petersilie, Thymian und Estragon. Sie werden frisch oder getrocknet verwendet, als Würze und um Soßen einen besonderen Geschmack zu geben. Sie werden besonders gerne für Eiergerichte verwendet.

- **Was ist ein *bouquet garni*?**

Das ist ein Bündel Kräuter, die entweder zusammengebunden oder in ein Baumwolltuch eingehüllt mit in den Kochtopf gegeben werden, um die Speisen so zu würzen.

Salbei

Petersilie

Thymian

Schnittlauch

Majoran

Estragon

- **Was sind ätherische Öle?**

Jedes ätherische Öl hat für gewöhnlich den ganz charakteristischen Duft der Pflanze, aus der es gewonnen wurde, um ihn dann für Parfüm oder andere Duftstoffe zu verwenden. Ab und zu werden ätherische Öle auch für Potpourris genommen (s. S. 51–53).

- **Kräuter in Blumenarrangements**

Viele geschnittene Kräuter eignen sich auch hervorragend, um sie im Haus in Vasen oder anderen Behältern zu arrangieren. (s. S. 48–50).

- **Kräuter in Potpourris**

Mit Kräutern haben Sie eine große Auswahl an Düften, mit denen Sie Ihren Räumen eine wunderbare Duftnote geben können (s. S. 51–53).

- **Blumensträuße**

Heutzutage werden attraktive, duftende Blumen zu Sträußen oder Gestecken gebunden. Gärten, in denen diese Blumen speziell gezüchtet werden, kennt man als Blumengarten. Sie werden normalerweise mit ganz unterschiedlich duftenden und die Sinne anregenden Blumen bepflanzt (s. S. 48–50).

Planung eines Kräuter-gartens

Kräuter in Gärten und Pflanzgefäßen

- **Wo und wie kann ich Küchenkräuter ziehen?**

Es gibt so viele Orte, an denen Kräuter wachsen können: Wenn man schon einen Bauerngarten hat, kann man sie zwischen den anderen Blumen pflanzen oder man sticht ihnen ein Beet im Rasen aus. Schön sehen sie auch in Wagenrädern aus, als Schachbrettmuster arrangiert oder mit mehreren Töpfen zu einer Gruppe zusammengestellt. Wenn Sie den erfrischenden Geruch der Kräuter lieben, dann ist vielleicht ein Duftgarten mit anderen Blumen genau das Richtige für Sie.

- **Gestaltungsmöglichkeiten im Garten und mit Pflanzgefäßen**

Wagenrad-Kräuterbeet

Eine der attraktivsten Arten einen Kräutergarten anzulegen ist ein Wagenrad, das auf dem Boden liegt, mit Erde aufgefüllt und zwischen den einzelnen Speichen mit verschiedenen langsam wachsenden Küchenkräutern bepflanzt wird. Selbst wenn Sie kein Wagenrad auftreiben können, kann die Form eines Rades und auch seine Speichen und die Nabe mit Steinen nachempfunden werden. Nachdem die Pflanzen an den richtigen Stellen eingepflanzt sind, kann man das Ganze noch ein wenig mit Farbe aufpeppen und die Erde mit Rindenmulch oder Kies bedecken.

Formal angelegte Kräutergärten

Diese Kräutergärten bestechen durch regelmäßig angelegte Beete und wirken besonders in Gärten, in denen überall diese Ordnung herrscht. Die Beete sind dann in geometrischen Formen angelegt und harmonieren besonders gut mit sehr gepflegten Rasenflächen. Der Kräutergarten selbst kann dann quadratisch, rechteckig oder rund sein, aber in der Regel wird er dann in gleich aussehende Segmente unterteilt. Die Beete können mit niedrigen, immergrünen Hecken aus z. B. *Buxus sempervirens „Suffruticosa"* (Buchsbaum) umrahmt werden, die dem Garten ein einheitliches Bild geben.

Locker angelegte Kräutergärten

Diese Kräutergärten wirken mit ihren bunten Mischungen in zwanglosen Anordnungen wie Bauerngärten. Meistens sind sie so angelegt, dass die größeren Pflanzen wie Engelwurz ganz hinten wachsen und die kleinsten Kräuter ganz vorne. Doldengewächse wie z. B. Dill, Fenchel, Kümmel und Kerbel harmonieren optisch wunderbar mit anderen Pflanzen, besonders mit niedrig wachsenden Randpflanzen. Achten Sie aber darauf, dass sie nicht zu gedrängt stehen.

Eckbeete und schmale Beete

In vielen modern angelegten Gärten ist oft nur noch Platz für schmale Beete oder kleine Eckbeete. Das ist für Kräuter überhaupt kein Problem, da es sie in allen Größen und Wuchsformen gibt. Stellen Sie eine schöne Mischung zusammen. Sie werden sehen, wie wunderschön es aussieht, wenn der gesamte Boden mit diesen unterschiedlich wachsenden Kräutern bepflanzt ist. Auf solch kleinem Raum sollte man allerdings keine Kräuter anpflanzen, die sich gerne ausbreiten wie z. B. die Minze, es sei denn, Sie pflanzen diese in einen bodenlosen Topf zwischen die anderen Kräuter und verhindern so ihr Wuchern.

Gepflasterte Kräutergärten

In diesen Gärten werden die Kräuterpflanzen in verschiedenen Beeten angepflanzt und dazwischen verlaufen gepflasterte Wege, die in der Regel ein schönes, sich wiederholendes Muster bilden. Durch diese geschickte Anordnung kann man das ganze Jahr über bei jedem Wetter Kräuter pflücken. Wenn Sie mit einer Schubkarre oder Gehhilfe (Rollator) durch den Garten gehen möchten, dann legen Sie den Garten am besten mit einem gerade verlaufenden Weg an, von dem dann die kleinen Beete und Seitenwege abzweigen. Am besten nehmen Sie dann auch rutschfeste Platten, die an sich schon schöne Muster haben, aber auch zu attraktiven Mustern gelegt werden können.

Bauerngärten

Wie die locker angelegten Gärten wirken auch diese Gärten ganz ungezwungen und heiter. In ihnen findet man alles: einjährige Pflanzen, Stauden, Büsche, Obstbäume und Gemüse, aber auch Kletterpflanzen, die einen schönen Hintergrund bilden oder vielleicht an Rankgerüsten (Obelisk, Kegel) oder Baumstümpfen hochwachsen.

Kräuter in Kübeln

Sowohl kleine als auch große Gärten werden durch einzelne, bepflanzte Kübel aufgelockert und attraktiver. Besonders praktisch sind sie in der Nähe der Küchentür. In einigen Kübeln können mehrere Kräuterpflanzen miteinander gedeihen. Pflanzen wie Minze, die sich in der freien Natur schnell ausbreiten, können so am Platz gehalten werden.

Duftgärten

Das sind die wohlduftenden Bereiche des Gartens, die oft mit einjährigen Pflanzen oder Kräutern mit aromatischen und duftenden Blüten und Blättern bepflanzt sind (s. S. 46). Viele dieser wohlriechenden Pflanzen können auch zu wunderschönen Blumensträußen arrangiert werden.

Farblich gestaltete Kräutergärten

Große Kräutergärten wirken besonders gut, wenn die Kräuter so gepflanzt werden, dass ihre unterschiedlichen Farben ein attraktives Muster bilden. Besonders geeignet sind dafür Salbeipflanzen, die es mit ganz unterschiedlichen Farbnuancen gibt.

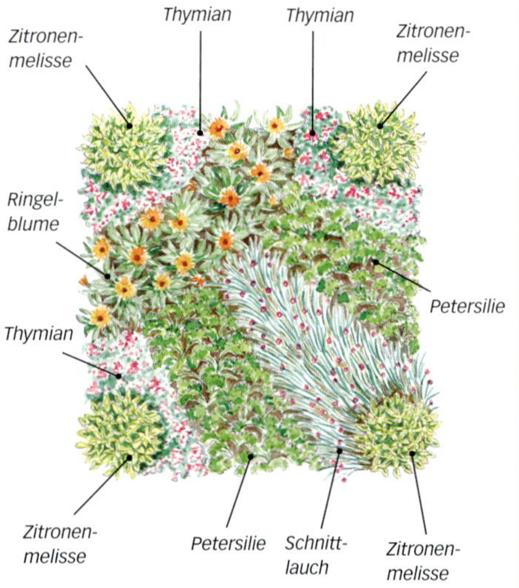

Entwurf und Umsetzung

● Was ist das Wichtigste?

Je besser und gründlicher Sie die Infrastruktur Ihres Kräutergartens planen, desto länger wird er später auch halten. Ist der Unterbau oder das Fundament nicht stark genug, können die Pflastersteine absacken oder Mauern sogar einbrechen, besonders dort, wo der Boden sehr lehmhaltig ist und im Sommer zu schnell austrocknet. Nehmen Sie sich also bei der Planung Zeit. Mit dem richtigen Werkzeug ist das Anlegen auch einfacher zu bewerkstelligen. Und wenn man daran denkt, dass schwere Platten von zwei Personen viel leichter zu heben sind, dann freut sich auch Ihr Rücken.

● Gartengestaltung gut planen

Wie schon gesagt, ist eine gute Planung das Maß aller Dinge. Gönnen Sie sich jede Menge Zeit zum „Herumspinnen" und Ausprobieren, bevor Sie eine endgültige Entscheidung treffen, welche Art von Kräutergarten Sie anlegen wollen und wie er gestaltet sein soll.

- Betrachten und beurteilen Sie Ihr Grundstück aus ganz unterschiedlichen Blickwinkeln – aus der Nähe, aber auch aus dem Fenster Ihres Hauses blickend.
- Holen Sie sich Anregungen aus entsprechenden Fachbüchern oder durch Besuche anderer schön angelegter Gärten. Nehmen Sie am besten ein Maßband und auch ein Notizbuch mit.
- Besuchen Sie Gartencenter und Baumärkte, um einen Überblick zu bekommen über all die Materialien, die es auf dem Markt gibt, und besonders über deren Kosten. Normalerweise kosten die Prospekte nichts und mit ihrer Hilfe können Sie sich vielleicht besser an all die unterschiedlichen Maße und Muster der Platten, Ziegel und anderen Materialien erinnern. Erkundigen Sie sich auch nach den Kosten für die Anlieferung.
- Messen Sie die geplante Fläche sorgfältig aus und übertragen Sie diese dann auf Skizzenpapier, sodass Sie Pfade, Anlagen und Beete einzeichnen können. Denken Sie daran, die Wege so breit einzuplanen, dass zwei Personen sich darauf bewegen können. Überprüfen Sie auch, wie gut Regenwasser auf den gepflasterten Bereichen abfließen kann.
- Übertragen Sie dann den Entwurf auf das gewählte Gebiet. Mit Schnur und Keilen lassen sich die einzelnen Anlagen und Baugrenzen gut markieren.

Befestigte Oberflächen sind ideal für einzelne Kräuterkübel oder für mehrere Töpfe, die zu einer Gruppe arrangiert sind.

Materialien und Werkzeuge

Materialien

Es gibt eine große Materialauswahl für die Gestaltung der Wege, Einfassungen und Mauern. Manche sind relativ preiswert, andere reich verziert und dementsprechend teuer. Wählen Sie das Material aus, das auch zu Ihrem Gartenstil passt. Rekonstruierte Steinpflaster wirken gealtert, reich verzierte Einfassungen geben dem Garten ein viktorianisches Ambiente.

Werkzeuge

Bevor Sie mit Ihrer Arbeit anfangen, sollten Sie überprüfen, ob Sie auch das richtige Werkzeug haben. Manche sind alltägliche Gartenwerkzeuge, aber für Fundamente, Bettung oder Mauerbau brauchen Sie auf jeden Fall spezielle Werkzeuge wie z. B. eine Wasserwaage (eines Zimmermanns), einen Schlaghammer (eines Steinmetzes) und Kellen.

Wie baue ich Mauern?

Aufbaumöglichkeiten

Hier müssen einige wichtige Dinge beachtet werden:

- Wichtig ist ein breites, dickes, gerades und starkes Fundament.
- Bei Stützmauern muss bedacht werden, dass das Wasser auf der Erdseite abfließen kann. Dazu braucht man viel grobes Sickermaterial und Drainageöffnungen in der Mauer, durch die das Wasser ablaufen kann. Die Mauer sollte mindestens zwei Ziegel stark sein.
- Wenn Sie eine hohe Stützmauer bauen wollen, setzen Sie die Steine von unten an mit einer leichten Neigung nach hinten aufeinander.
- Mauern mit einer Ziegelreihe und ohne Pfeiler sollten nicht höher als 45 cm sein. Wenn Sie Pfeiler im Abstand von 1,80 m einplanen, kann die Mauer bis maximal 1,50 m hoch sein.
- Doppelreihige Ziegelmauern ohne Pfeiler sollten nicht höher als 1,20 m sein. Pfeiler im Abstand von 1,80 m verstärken die Mauer. Dann kann sie bis zu 1,80 m hoch gezogen sein.

Trockenmauern

Achten Sie darauf, dass das Wasser hinter der Mauer gut abfließen kann

Backsteinmauern

Ein starkes Fundament ist absolut wichtig. Zum Mauern wird Mörtel (s. unten) benutzt.

Die Mörtelmischung fürs Mauern und für den Plattenunterbau

1 Teil Maurerzement und 5 Teile Bausand. Normalerweise ist dem Zement ein Weichmacher beigefügt, damit die Mischung besser verarbeitet werden kann. Alternativ dazu geht auch: 1 Teil Portland Zement, 6 Teile Bausand und 1 Teil gelöschter Kalk.

Wie verlege ich Platten und Pflastersteine?

Pflastermöglichkeiten

Es gibt unterschiedliche Methoden zu pflastern. Hier werden drei beschrieben:

- Betonplatten brauchen einen festen Untergrund: Für Wege wird eine 5 cm dicke, verdichtete Schotterschicht (Mineralgemisch) benötigt. Darauf kommt eine ähnlich dicke Schicht Pflastersand. Auf diese Schichten klecksen Sie fünf Mörtelhäufchen (s. S. 27 Mörtelmischung) und darauf wird dann die Betonplatte gelegt.
- Ca. 45 cm große, quadratische Holzplatten, die einem Garten ein lockeres, heiteres Ambiente geben, legt man wie Betonplatten auf ein Bett aus Pflastersand. Wer Bodendecker dazwischen pflanzen möchte, hält die Zwischenräume etwas breiter.

Pflastersteine und Verlegemuster

Pflaster können in ganz unterschiedlichen Mustern gelegt werden, manche wirken dabei strenger, andere aufgelockerter.

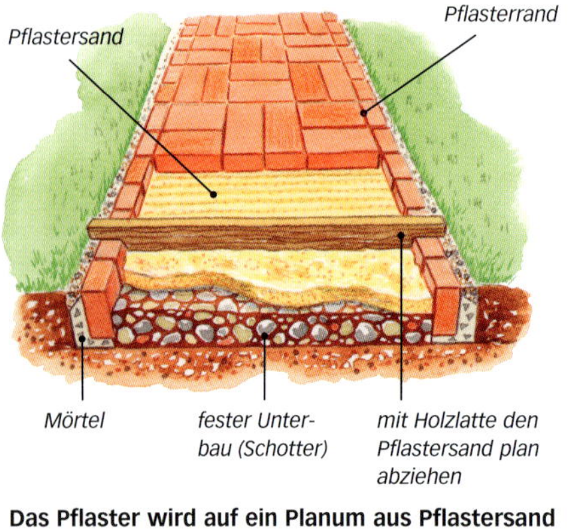

Das Pflaster wird auf ein Planum aus Pflastersand gelegt. Die Pflasterränder sollten sehr stabil sein.

klassischer Blockverband

Läuferverband quer (Binder)

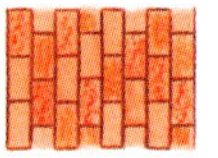

Läuferverband längs

Fischgrätverband

kleinteiliger Mittelsteinverband

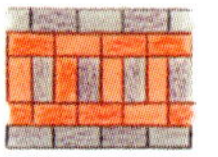

Streifenverband

Unregelmäßige (polygonale) Natursteinplatten

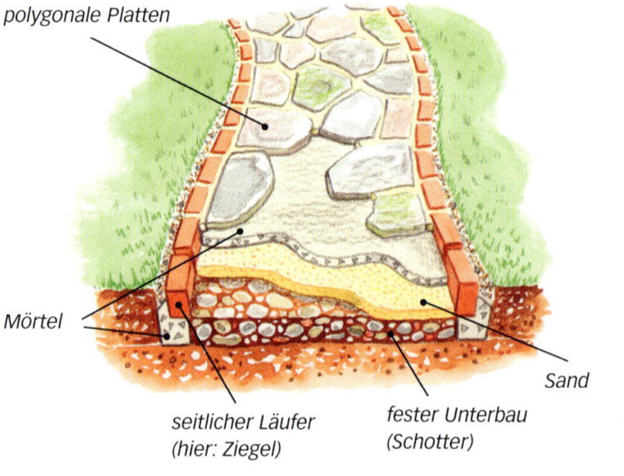

Die polygonalen Natursteinplatten werden auf einen festen Unterbau gelegt: Legen Sie große Platten an die Außenränder, kleinere in den Innenbereich.

Wegplatten

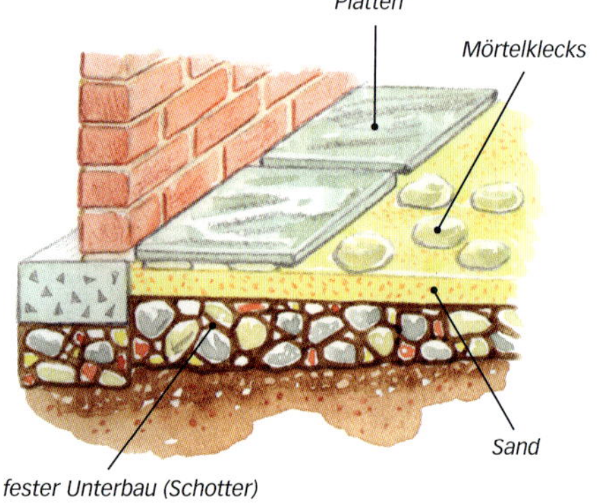

Die Wegplatten werden auf fünf Mörtelkleckse gelegt. Ein fester, ebener Grund ist ganz wichtig.

Wagenrad-Kräuterbeete

Eignen sie sich für kleine Gärten?
Die Kräuter werden ja auf eine kleine, begrenzte Fläche gepflanzt, die kreisförmig angelegt und daher ideal ist, wenn man nur wenig Platz zur Verfügung hat. Das Rad hat einen Durchmesser von ungefähr 1,80 m. Optimal ist, wenn um das Rad herum ein gepflasterter Weg verläuft, damit die Kräuter bei jedem Wetter gepflückt werden können. Weil jede Pflanze ihren eigenen begrenzten Bereich hat, müssen sie alle paar Jahre oder sobald das Rad überfüllt ist gelichtet, geteilt, beschnitten oder erneuert werden. Die meisten Kräuter bleiben niedrig, die Pflanzen in der Mitte oder für Akzente können höher sein.

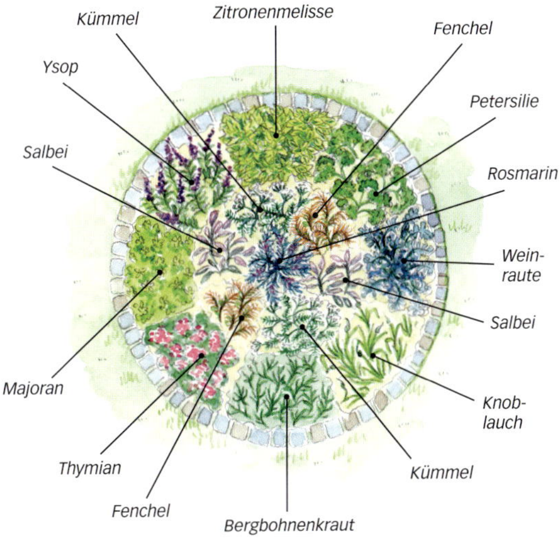

Einen runden Kräutergarten anlegen
Manchmal ist es nicht möglich, weder ein Wagenrad noch große Steine aufzutreiben. Dann wird das Kräuterrad eben in der Struktur eines Rades angelegt. Die Pflanzen werden darin so angepflanzt, dass optisch Speichen und Radnabe entstehen, auch wenn sie nicht besonders betont werden.

Die Pflanzen werden wie in einem echten Rad angeordnet, weil aber keine Grenze zwischen ihnen ist, sollten Sie darauf achten, dass die Nachbarpflanzen andere nicht überwuchern. Wichtig ist auch, dass die Kräuter öfter zurückgeschnitten werden, besonders, wenn die Pflanzen nach ein paar Jahren richtig kräftig wachsen.

Wie Sie ein Kräuterradmuster für Ihren Garten planen
Um ein Kräuterrad in einen relativ kleinen Garten zu integrieren, braucht es nur einige gut durchdachte Vorüberlegungen.

- Legen Sie das Kräuterrad an einer Seite Ihres Gartens an, sodass es teilweise von Rasen umgeben ist. So fügt es sich gut in das Gesamtbild ein. Schön wirkt es auch, wenn es mit unregelmäßigen Natursteinplatten umgeben ist und einzelne Platten einen Pfad zum Haus bilden.
- Sie können das Rad auch in der Mitte Ihres Gartens anlegen, zu dem dann ein Pfad vom Haus aus führt, es umkreist und dann bis zum Ende des Grundstücks führt. Wenn rechts und links

In dieser Abbildung sehen Sie eine Variante, wie Sie in einem rechteckigen Garten ein Kräuterrad anlegen können.

des Kreises noch weitere Wege abgehen, ergibt das ein schönes Gesamtbild.

- Der Kräutergarten kann auch auf einer großen Terrasse oder einem Innenhof angelegt werden. Beachten Sie dann nur, dass Regen- oder Gießwasser gut ablaufen kann und nicht von der Terrasse in das Kräuterbeet läuft und dort für eine Überschwemmung sorgt.

Einen Kräutergarten mit einem Wagenrad anlegen

Ein Wagenrad, flach auf den Boden gelegt und mit Kräutern bepflanzt, ist ein absoluter Blickfang in einem Garten. Bevor Sie die Erde vorbereiten, überprüfen Sie erst, ob das Rad selbst auch noch in einem guten Zustand ist und dass die Speichen in leuchtenden Farben gestrichen sind, damit sie auch in der Dämmerung noch gut zu sehen sind.

Dann graben Sie die Erde um und befreien sie von Unkraut. Legen Sie das Rad an den richtigen Platz und häufen Sie gegebenenfalls noch etwas Erde zwischen die Speichen. Wählen Sie kleine, gesunde Pflanzen aus, die zwischen die Speichen gepflanzt werden, und gießen Sie die ganze Fläche dann behutsam, aber gründlich.

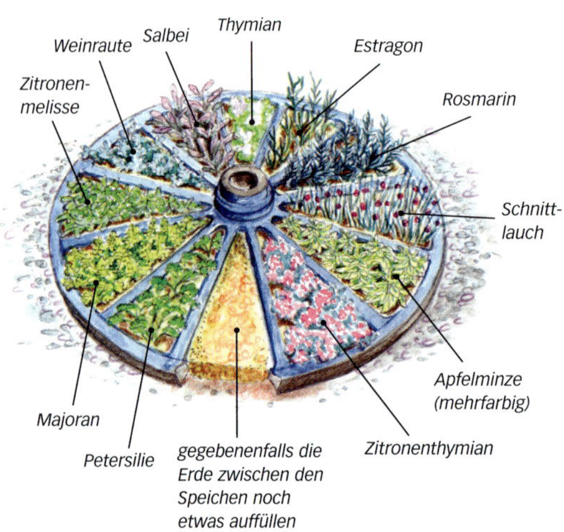

Wie Sie mit Feldsteinen ein Kräuterrad anlegen können

Manchen gefällt es vielleicht besser, anstelle eines echten Wagenrads, das Rad, die Speichen und die Nabe aus Steinen zu legen. Die Radnabenstelle sollte dann etwas größer gestaltet und mit einer hoch wachsenden Pflanze wie z. B. *Laurus nobilis* (Lorbeer) bepflanzt sein.

Wenn die einzelnen Speichenzwischenräume zu groß sind, unterteilt man sie einfach mit einer Steinreihe. Versuchen Sie dabei aber, eine Symmetrie bei der Bepflanzung zu erzielen, besonders, wenn das Rad Teil eines formalen Gartens ist.

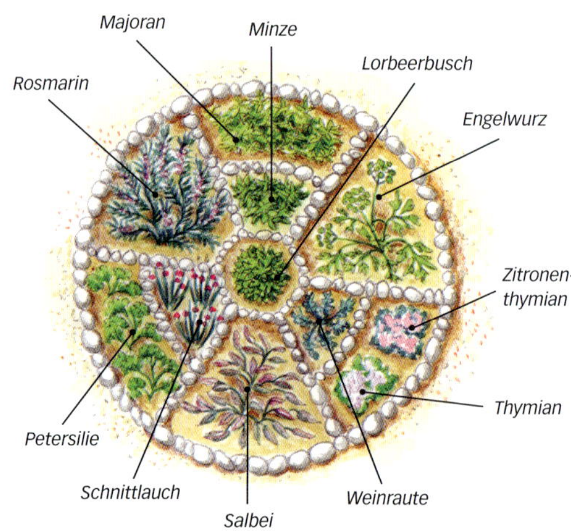

Alternative für Feldsteine

- In rustikalen Gärten wirken auch Äste oder Stöcke als Speichen und als Radnabe.
- In traditionellen Gärten wirken Pflöcke gut, die in die Erde gerammt werden und die Form der Speichen und der Nabe nachbilden. Die Hölzer ragen dadurch ebenmäßig ca. 5 cm aus der Erde heraus.

Kräutergärten mit Pflasterung

- **Was ist ihr Vorteil?**

Gepflasterte Kräutergärten bieten viele Vorteile, besonders, dass sie bei jedem Wetter zu erreichen sind, dass man sie in attraktiven Mustern gestalten kann oder dass die Pflanzen in separaten Beeten angelegt sind und so ein Wuchern verhindert werden kann. Wenn die Pflanzen unterschiedliche, aber miteinander harmonisierende Farbtöne haben, wird damit ein weiterer Anziehungspunkt geschaffen. Grelle Farben sollten hier jedoch vermieden werden. Gepflasterte Gärten mit erhöhten Beeten sind ideal für Gärtner im Rollstuhl und die meisten sind auch mit der Schubkarre gut zu erreichen.

- **Wie Sie einen gepflasterten Kräutergarten für Ihren Garten planen**

Es ist überhaupt nicht schwer, auch in kleinen Gärten einen gepflasterten Kräutergarten zu errichten. Hier kommen einige Anregungen, die sich besonders gut für quadratische oder rechteckige Gärten eignen.

- Quadratische oder rechteckige Kräutergärten sehen besonders gut in Gärten mit ähnlicher Form aus. Sie wirken dadurch sehr formell. Die Wirkung kann durch Kies aufgelockert werden.
- Gepflasterte Kräutergärten sind auch sehr effektvoll als Verlängerung einer befestigten Terrasse. Außerdem sind sie so leicht zu pflegen und die Kräuter gut zu pflücken. Erhöhte Kräuterbeete wirken ebenfalls sehr gut auf Terrassen.
- Die etwas strenge Wirkung eines quadratisch oder rechteckig gestalteten Kräutergartens kann aufgelockert werden, wenn er von Kieswegen umgeben ist, die an den Rändern durch Holzpflöcke oder dekorative Randeinfassungen gesäumt sind.
- Verwitterte Ziegelpfade schaffen ein antikes Ambiente und eignen sich besonders gut für ländliche Bereiche und lockere Gärten. Vergewissern Sie sich jedoch, dass sie sicher auf einem Sandbett liegen, eine stabile Randeinfassung haben oder auf Beton verlegt sind.
- Mit farbigen Kieseln kann eine weitere Farbkomponente gesetzt werden, die so die Wirkung der ohnehin schon attraktiven Kräuter noch verstärkt und vervollständigt.

Dieser quadratische Kräutergarten gibt der einen Seite des Gartens einen formellen Charakter.

Das Schachbrettmuster

Hier werden einfarbige quadratische Platten so verlegt, dass sie ein Schachbrettmuster ergeben. Die freien Flächen füllt man mit Kräuterpflanzen. Es gibt zwei Methoden, diesen Effekt zu erzielen. Welche Sie wählen, hängt davon ab, wie lange der Garten bestehen soll.

- Die Platten für ein Schachbrettmuster kann man leicht auf einer dünnen Schicht aus Pflastersand verlegen, der wiederum auf einer dünnen Schicht mit fester, gut vorbereiteter Erde liegt. (Achten Sie darauf, dass alle Unkrautwurzeln entfernt sind.)
- Fest eingebaute, dauerhafte Schachbrettmuster brauchen auf Terrassen ein sehr starkes Fundament.

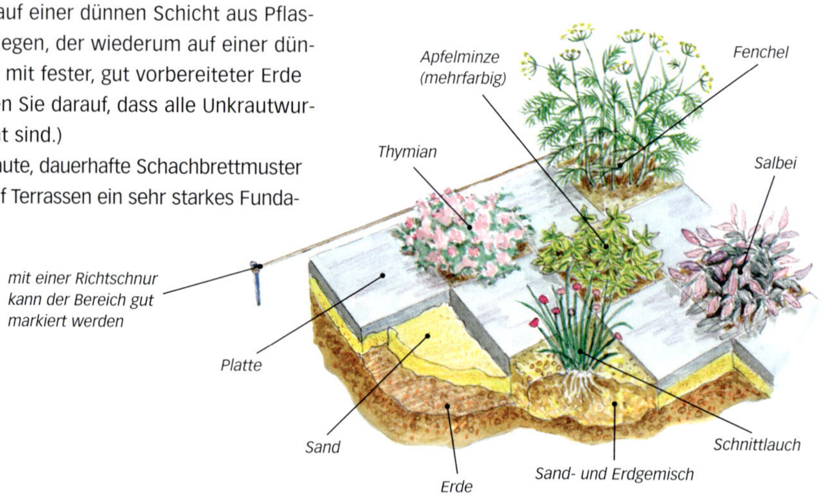

Erhöhte Kräutergärten

Die Hochbeete sind ideal für Terrassen oder andere gepflasterte Bereiche und können aus Ziegeln oder Holz hergestellt sein. Vergewissern Sie sich vorher, dass die verwendete Erde frei von Unkrautwurzeln ist und Regen- oder Gießwasser gut durch Drainagelöcher in der untersten Reihe ablaufen kann.

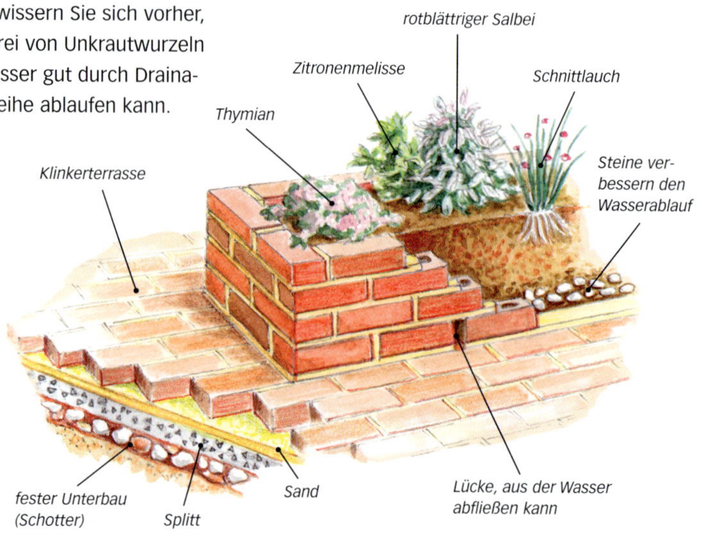

Weitere Entwürfe für gepflasterte Kräutergärten

Klinker (Ziegel) oder Pflastersteine

Kleinere Flächen zwischen Klinker- oder anderen Pflastersteinen eignen sich ideal für kleine Kräuterbereiche. Die Steine sollten hier aber am besten im Blockverband liegen.

Erhöhte Beete aus Backsteinen sind ebenfalls ideal für Kräuter. Wählen Sie für die Randbereiche am besten überhängende Pflanzen mit schönen Blüten oder Blättern. So entschärfen Sie die Kanten und die Beete sehen noch attraktiver aus.

Zufällig und versetzt angeordnete Platten

Platten, wahllos oder versetzt angeordnet, können auf ein dickes Pflasterbett aus Sand gelegt werden. Dazwischen werden dann Bodendecker oder buschige Kräuter angepflanzt.

Platten

Einen lockeren Eindruck erzielt man durch eng aneinander gelegte Platten, die unterschiedlich groß sind und eine unregelmäßige Kante haben und so zufällige Fugen bilden, die mit Bodendeckern bepflanzt werden können.

Eine formelle Wirkung erhalten Sie durch glattkantige Platten, wenn die Fugen zwischen ihnen gleich sind. Auch hier werden wieder bodendeckende Kräuter eingepflanzt.

Die Fugen zwischen den Platten füllen
Wer die Abstände zwischen den Platten nicht mag, der kann sie mit einer Zement-Sand-Mischung (Mischverhältnis: 1 Teil Zement, 3 Teile Sand) auffüllen. Verfugen Sie erst eine Woche nach der Verlegung der Platten. Achten Sie darauf, dass nichts davon auf die Oberfläche der Platten kommt, weil das Flecken hinterlässt. Bekleben Sie vor dem Füllen die Ränder einfach mit Abdeckband.

Holzkonstruktionen

Dicke, witterungsbeständige Bohlen eignen sich gut für eine Randeinfassung. Das Beet selbst ist mit einer Mischung aus bodendeckenden, buschigen und hoch wachsenden Kräutern bepflanzt.

Die rustikalen Pfähle werden durch Pflöcke gehalten, die in den Boden gerammt sind. Diese Formation wirkt besonders aufgelockert. Hier können die Pflanzen eingepflanzt werden oder aber auch in den Töpfen bleiben.

Schmale Beete, Eck- und Inselbeete

- **Kann man Kräuter auch an schwierigen Stellen ziehen?**

Schmale Beete oder Ränder eignen sich wunderbar für kleine oder relativ niedrig wachsende Küchenkräuter, weil man hier einen guten Zugang hat, um sie zu pflegen, Unkraut zu jäten und Blätter, Blüten und Samen zu pflücken. Eckbeete, schmale rechteckige Beete oder Inseln im Rasen sind ebenso gute Plätze für Küchenkräuter, besonders wenn sie von Pfaden umgeben sind, sodass sie bei jedem Wetter erreichbar sind.

- **Wie Sie Kräuterränder in kleinen Gärten planen**

Es ist relativ einfach, in einen bestehenden Garten ein neues Kräuterbeet zu integrieren, wenn man das Gesamtbild im Auge behält. Sie kennen ja schon viele Möglichkeiten: Kräuter wachsen in runden, wagenradförmigen (s. S. 22–23), über Eck laufenden, schmalen, rechteckigen oder ovalen Beeten.

Mit niedrigen und halbhohen Kräutern können besonders die Wegecken entschärft werden.

Über attraktive, befestigte Wege ist der Zugang zu den Kräuterbeeten das ganze Jahr über und bei jedem Wetter möglich.

Schmale und ovale Kräuterbeete

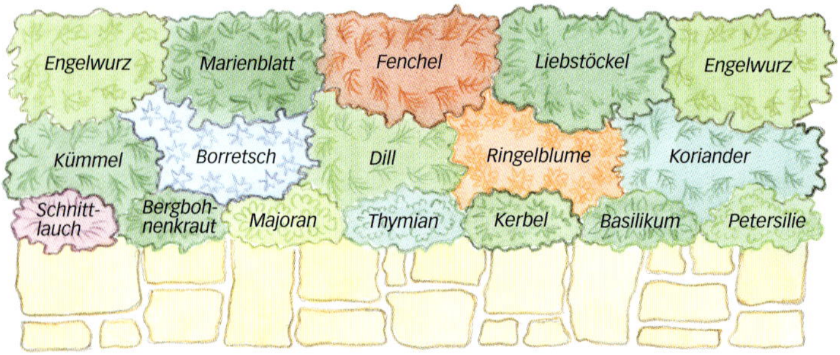

Schmale Beetränder zwischen einer Mauer und einem Steinplattenpfad bieten geschützte Bereiche, die ideal für Kräuter sind. Lassen Sie zwischen der Mauer und den Pflanzen einen kleinen Freiraum von ca. 30–45 cm.

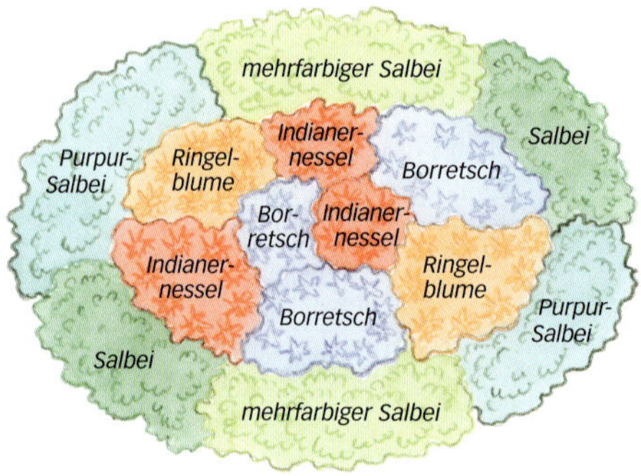

Vielleicht können Sie ein ovales Beet in Ihrem Rasen ausstechen, das zum Blickfang wird. Die Erde in der Mitte des Beetes sollte etwas erhöht sein, damit die Pflanzen in der Mitte besser sichtbar sind.

Eckbeete und rechteckige Kräuterränder

Es ist vorteilhaft, wenn um ein großes, rechteckiges Beet ein fester Pfad verläuft, sodass man die Pflanzen von allen Seiten leicht erreichen kann.

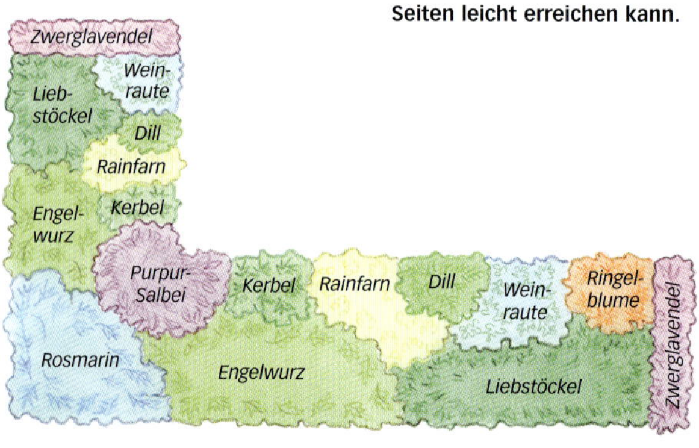

Eckbeete, um eine Häuser-, Mauer-, Rasen- oder Wegecke angelegt, sind immer ein attraktiver Anblick.

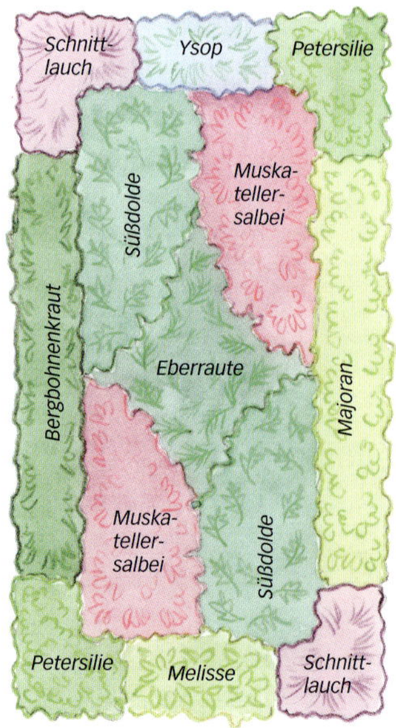

Kräutergärten im Bauerngartenstil

- **Sind Kräuter für Bauerngärten geeignet?**

Kräuter sind ein natürlicher Bestandteil der Bauerngärten, wo sie sich wunderbar unter die Blumen, Obstbäume, Büsche und Gemüsearten mischen lassen. Hier unterstreichen Kräuterränder besonders schön das heitere Ambiente. Rosmarin und Lorbeerbüsche sind ganzjährig vorhanden, Engelwurz dagegen schafft saisonale Blickfänge. Diese Pflanzen wirken besonders gut im hinteren Teil der Beete. Je nach Platz können ein- oder mehrjährige Kräuter gepflanzt oder ausgesät werden.

- **Einen Kräutergarten im Bauerngartenstil planen**

Gemüse, Kräuter, Blumen und Obstbäume im Einklang miteinander zu mischen, ist die große Kunst im Bauerngarten. Der heitere Gesamteindruck entsteht durch eine geschickte Mischung aus festen Beeten, Hecken, Zäunen und Naturbereichen. Dazwischen verlaufen Kiespfade oder mit anderen Materialien belegte Wege.

Bohnen, die vielleicht an Netzen, rustikalen Bögen oder pyramidenförmig angeordneten Pfählen ranken, schaffen oft einen attraktiven Hintergrund, teilen aber genauso gut unterschiedliche Bereiche ab. Zur Mitte und zum Ende des Sommers hin kann Mais mit seinen quastenähnlichen Köpfen für Kräuter mit fedrigen Blättern wie z. B. Dill oder Fenchel ebenfalls einen schönen Hintergrund bilden.

Immergrüne Kräutergruppen sorgen für einen schönen Anblick, besonders wenn sie blühen.

- **Welche Pflanzen werden gepflanzt?**

Ein ungezwungenes und heiteres Ambiente ist der Schlüssel für einen Kräutergarten im Bauerngartenstil. Wenn in dem vorgesehenen Bereich Apfel- oder Birnbäume wachsen, können Kräuter und auch andere dekorative Pflanzen um sie herum gepflanzt werden. Wenn dort noch gar keine Pflanzen wachsen, bietet sich hier die beste Gelegenheit, ein herrliches Kräutermedley zu schaffen. Das Kapitel „Küchenkräuter von A bis Z" (s. S. 54–117) hilft Ihnen garantiert, den richtigen Platz für Ihre Kräuterauswahl zu finden.

Erhöhte Beeteinfassungen verhindern, dass die Erde auf Wege oder Rasen gelangt.

Kräuter in Pflanzgefäßen

Können alle Kräuter in Kübeln gedeihen?

Viele Kräuter eignen sich als Kübelpflanzen, so z. B. Rosmarin, eine immergrüne Pflanze mit aromatischen Blättern und mauvefarbenen Blüten. Auch Lorbeer ist schon fast eine Standardpflanze für Kübel. Einige Kräuter eignen sich dagegen überhaupt nicht dafür, z. B. Engelwurz, ein hoch wachsender zweijähriger Doldenblütler. Am besten gedeihen in Kübeln niedrig wachsende Pflanzen wie z. B. Petersilie oder Schnittlauch. Besonders geeignet ist die Minze mit ihren ausbreitungsfreudigen Wurzeln.

Wie Sie in Ihrem Garten Pflanzgefäße für Ihre Kräuter nutzen können

Kübel sind ideal für kleine, gepflasterte Höfe, aber auch für Balkone oder Dachgärten.

- Große Töpfe, Tröge, Schalen oder Pflanzsäcke sehen zauberhaft auf Terrassen oder in der Nähe der Küchentür aus.
- Auf Balkonen sollen Kübel sowohl funktional als auch dekorativ sein. Ideal sind da Pflanzbehälter, die an den Seiten tassenförmige Ausstülpungen haben. Tröge und Töpfe sehen auch sehr attraktiv aus, aber achten Sie bitte darauf, dass Regen- und Gießwasser ablaufen kann, ohne auf die darunterliegenden Balkone zu tropfen.
- Niedrig wachsende und buschige Kräuter geben in Blumenkästen den ganzen Sommer über einen farbenfrohen Anblick.
- Kübel und große Töpfe eignen sich wunderbar für Lorbeerbüsche oder Lorbeerbäume. Sie wirken besonders eindrucksvoll rechts und links der Eingangstür. Auch an Rosmarinbüschen hat man den ganzen Sommer über Freude. Drei oder fünf kleine Rosmarinpflanzen, in einen Kübel gepflanzt, ziehen schnell Blicke auf sich.

Eine kunterbunte Kräutermischung in einem Kübel vereint oder nebeneinander stehend in einzelnen Töpfen schafft ein attraktives Gesamtbild. Unterschiedliche Größen, Formen und Farben bieten dem Auge des Betrachters immer wieder neue Reize.

Kräutertöpfe in der Nähe der Küchentür sind äußerst praktisch.

Vor- und Nachteile von Kräutern in Pflanzgefäßen

Vorteile

- Sie sind ideal für kleine Gärten oder Balkone.
- Pflanzen, die sich schnell ausbreiten wie z. B. die Minze, können so gebändigt werden.
- Kübel mit tassenförmigen Seitenlöchern (Erdbeertopf) können mit den unterschiedlichsten Kräutern bepflanzt werden und eignen sich so gut für kleine Gärten. Auf Fensterbänken bieten Blumenkästen ebenfalls ein gutes Zuhause für diverse Kräuter.
- Empfindliche Kräuter können so im Winter einfach und schnell an einen geschützten Platz gebracht werden.

Petersilienkraut in einem Terrakotta-Topf

Kräuter für Pflanzgefäße

Einige Kräuter eignen sich besonders gut für bestimmte Pflanzgefäße. Hier kommt eine kleine Auswahl, mit denen Sie gute Ergebnisse erzielen können. Verschiedenfarbige Minzearten oder Salbei und Thymian mit unterschiedlichen Blätterfarben schaffen ein farbenprächtiges Bild.

Pflanzschalen und Pflanzsäcke
Junge Minze (S. 90); junger Salbei (S. 106)

Hängekörbe
Petersilie (S. 101); Thymian (S. 114)

Töpfe und Pflanzgefäße
Als Jungpflanzen: Basilikum (S. 96); Schnittlauch (S. 58); Minze (S. 90); Petersilie (S. 101); Salbei (S. 106); Thymian (S. 114)

Tröge und Balkonkästen
Schnittlauch (S. 58); Majoran (S. 98); Minze (S. 90); Estragon (S. 70)

Kübel
Lorbeer (S. 85); Rosmarin (S. 103); Salbei (S. 106)

Nachteile

- Kübel müssen regelmäßig gegossen werden und brauchen viel Beachtung.
- Im Sommer kann die Pflanzerde in den Kübeln überhitzen.
- Einige Kübel müssen jedes Jahr neu bepflanzt werden.

- **Wie fängt man mit der Kübelbepflanzung an?**

Sie können gute Erfolge erzielen, wenn Sie von Anfang an für Ihre Kräuter die richtigen Behälter auswählen (s. S. 41). Ist der Kübel schon im vorhergehenden Jahr benutzt worden, muss er gründlich gereinigt werden. Achten Sie auch darauf, dass das Ablaufloch nicht verstopft ist.

Kompost

Manche Töpfe müssen mit schwerer Erde befüllt werden, um ihnen Stabilität zu geben. Das ist besonders wichtig bei großen, blättrigen Pflanzen. Verwenden Sie dann lehmhaltige, mit Sand gemischte Erde. Leichtere Erde auf Torfbasis eignet sich dagegen gut für Balkonkästen.

Tröge

Meistens brauchen Tröge noch eine zusätzliche Stabilisierung durch lehmhaltige Erde, besonders wenn sie mit großen Kräutern bepflanzt sind und auf dem Boden stehen. Wenn Sie die Möglichkeit haben, den Trog irgendwo zu befestigen, ist ein torfhaltiger Kompost allerdings die bessere Lösung.

Pflanzsäcke

In diesen Säcken ist der Kompost schon enthalten. Schneiden Sie in die Oberseite „Fenster", wässern Sie etwas und pflanzen Sie dann die Kräuter ein. Verwenden Sie diese Pflanztaschen erneut, sollte ein wenig torfhaltiger Kompost und ein bisschen Dünger aufgefüllt werden.

Balkonkästen

Diese Behälter eignen sich sehr gut für niedrig wachsende, buschige oder hängende Kräuter. Sollten sie auf der Fensterbank stehen und sich das Fenster nach außen hin öffnen, sollte darauf geachtet werden, dass dabei die Pflanzen nicht beschädigt werden.

Töpfe

Minze eignet sich sehr gut für Töpfe – sie sollte geteilt werden, wenn sie sich zu stark vermehrt.

Schnittlauch sieht nicht nur sehr dekorativ aus, er wird auch gerne und oft in der Küche verwendet.

Viele Küchenkräuter können in Töpfen gezogen werden, besonders wenn sie als junge Pflanzen in die Erde gesetzt werden.

Lorbeerbaum

Für den Lorbeerbaum ist ein stabiler Holztrog oder ein großer Topf, mit lehmhaltiger Erde gefüllt, die beste Voraussetzung, ihn gesund wachsen zu sehen. Bevor Sie den Lorbeerbaum einpflanzen, stellen Sie den Topf am besten schon an den ausgewählten Platz, weil er danach zu schwer sein kann.

Achten Sie darauf, dass der Stamm des Lorbeerbaumes gut gestützt ist.

Verzierte Pflanzgefäße

Die abgebildeten Töpfe haben tassenförmige Löcher an den Seiten (Erdbeertopf) und sind dadurch ideal für kleine Gärten und Balkone, weil in einem Topf ganz verschiedene Pflanzen wachsen können. Lehmhaltiger Boden, mit grobem Sand gemischt, und eine reichliche Drainage auf dem Boden des Behälters sorgen für einen langanhaltenden Erfolg.

Verzierte Pflanzgefäße mit tassenförmigen Löchern an den Seiten können Heimat für ganz viele unterschiedliche Kräuter werden.

Kräuter im Haus ziehen

- **Kann man Kräuter auch drinnen gut ziehen?**

Es gibt einige Kräuter, die gut in Töpfen auf der Fensterbank wachsen. Manche, wie z. B. Majoran oder Basilikum, können im Herbst aus dem Kräutergarten geholt werden und in Töpfen im Haus überwintern. Die Wurzeln der Minze können ebenfalls im Herbst vorsichtig aus der Erde geholt und in einen Topf mit Erde gepflanzt werden. Steht die Minze dann an einem wärmeren Ort wie z. B. in einem Gewächshaus, dann kann sie den ganzen Winter über frische Blätter treiben. Außerdem bieten diese Kräuterpflanzen gerade im Winter einen erfrischenden, unerwarteten Farbtupfer in der Küche.

Gefäße
Sowohl Tontöpfe als auch Plastiktöpfe eignen sich für Kräuter. In Plastiktöpfen brauchen die Pflanzen in der Regel weniger Wasser, in Tontöpfen verdunstet das Gießwasser durch die Seitenwände und hält den Kompost kühl. Deshalb müssen die Pflanzen je nach Behälter individuell gegossen werden. In dekorativen Übertöpfen wirken die Kräuter noch attraktiver.

Standort
Die Pflanzen mögen es nicht, wenn sie zu starker Sonneneinstrahlung ausgesetzt sind. Indirektes Licht vertragen sie am besten. Vermeiden Sie auch feuchte Plätze oder Zugluft.

- **Nur eine Pflanze je Topf**

Pflanzen, die im Haus wachsen, gedeihen am besten, wenn sie einen eigenen Topf haben und diesen nicht mit anderen Pflanzen teilen müssen, weil Pflanzen, die gut abgeerntet sind, vielleicht herausgeholt und erneuert werden müssen. Außerdem sind kleinere Töpfe auf schmalen oder kurzen Fensterbänken auch einfacher zu handhaben als große.

Kleine Küchenkräuter eignen sich besonders gut für das Fensterbrett, wenn sie in eigenen Töpfen wachsen können.

Eine Auswahl geeigneter Kräuter

Die meisten Küchenkräuter sind winterharte Gartenpflanzen. Viele sind oft zu groß, um sie auf dem Fensterbrett zu ziehen, aber bei einigen lohnt sich das Vorhaben. Jungpflanzen sind gut in Gartencentern, manchmal auch in Supermärkten zu bekommen und man hat lange etwas von den frischen Blättern.

Allium schoenoprasum
Schnittlauch
Mittelgrüne, röhrenförmige, grasähnliche Blätter (s. S. 58). Diese horstige Pflanze lässt sich leicht innen ziehen.

Anthriscus cerefolium
Kerbel
Hellgrüne, farnartige Blätter (s. S. 65), die an Petersilie erinnern. Am besten eignen sich junge Pflanzen.

Ocimum basilicum
Basilikum
Hellgrüne, aromatische Blätter mit graugrüner Unterseite (s. S. 96). Sie haben einen lieblichen, nelkenartigen Geschmack.

Origanum onites
Französischer Majoran
Hellgrüne, aromatische Blätter, er dehnt sich gerne aus (s. S. 100). Es gibt ihn als winterharte und einjährige Pflanze.

Petroselinum crispum
Petersilie
Hellgrüne, vielfach unterteilte, gekräuselte Blätter (s. S. 101). Sollte sie blühen, schneiden Sie die Blüten heraus.

Satureja hortensis
Einfaches Bohnenkraut
Dunkelgrüne, würzige Blätter, die an haarigen Stängeln getragen werden (s. S. 108). Die Pflanze blüht zart lilafarben.

Thymus vulgaris
Thymian
Zwergwüchsiges, immergrünes Kraut, dessen Blätter ein leicht würziges und zugleich süßes Aroma haben (s. S. 114).

Kräutergärten mit Farbthemen

- **Ist ein farblich abgestimmtes Beet sinnvoll?**

Wenn Sie die Pflanzen kaufen müssen, dann werden Sie feststellen, dass ein farblich abgestimmtes Beet eine teure Sache wird. Die Pflanzen sind jedoch auch ganz einfach durch Ableger zu ziehen (s. unten). Junger, farbenprächtiger, mehrfarbiger und großblättriger Salbei, aber auch fedrige Kräuter eignen sich fabelhaft und schaffen schöne Farb- und Formkontraste. Mehrfarbiger Thymian sieht auch toll aus. Erwarten Sie keine große Auswahl an unterschiedlichen Kräutern, der Reiz liegt in den mehrfarbigen Varianten einzelner Kräutersorten.

- **Salbeipflanzen ziehen**

Möchten Sie ein Muster aus verschiedenen Salbeisorten legen? Dann brauchen Sie genug junge, buschige Pflanzen, die 13–15 cm voneinander entfernt gepflanzt werden. Im Frühherbst nehmen Sie von den Pflanzen 7,5 cm lange Stecklinge mit einem Stück ausgereiftes Gewebe. Stecken Sie diese in Töpfe, die zu gleichen Teilen mit feuchtem Torf und Sand gefüllt sind, und stellen Sie diese dann in einen kühlen Raum (Frühbeetkasten). Im Frühling knipsen Sie die grünen Triebspitzen heraus, um die Pflanze zu einem buschigen Wuchs anzuregen. Die jungen Ableger können in der Mitte oder am Ende des Frühlings ausgepflanzt werden.

- **Salbei mit farbenprächtigen Blättern**

Salvia officinalis
Salbei
grau-grün

Salvia officinalis „Purpurescens"
Purpur-Salbei
purpurfarben eingetaucht

Salvia officinalis „Icterina"
mehrfarbiger Salbei
grün und golden

Salvia officinalis „Tricolor"
vielfarbiger Salbei
grau-grün mit cremig weißen Spritzern

- **Farblich abgestimmte Entwürfe**

Kreisförmige Modelle, die mit farbkontrastreichen Kräutern bepflanzt sind, eignen sich ideal für ein Beet, das aus einem Rasen herausgestochen worden oder von Natursteinplatten oder Kies umrahmt ist. Nehmen Sie am besten *Salvia officinalis „Purpurescens"* (Purpur-Salbei) zum Säumen des Randes, für die Speichen und die Radnabe und setzen Sie andersfarbigen Salbei in die Zwischenräume.

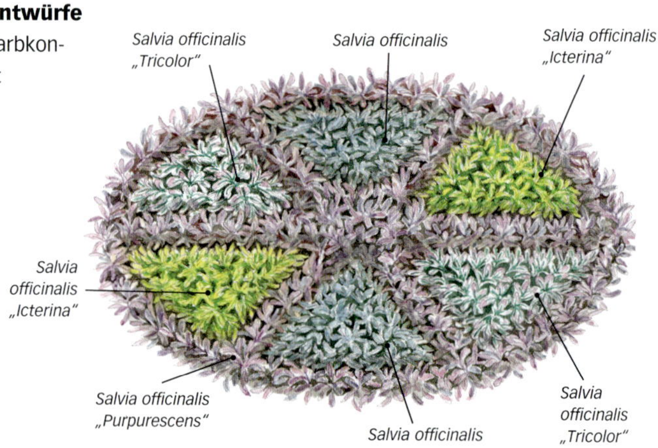

Ein Patchwork-Muster

Salbei wächst in kurzlebigen Büschen, die struppig auswachsen und alle 3–4 Jahre ausgetauscht werden müssen. In einem farblich abgestimmten Design muss er eventuell sogar noch eher ersetzt werden.

Bei der Verwirklichung des abgebildeten Entwurfs ist der erste Schritt, die diagonalen, wie Eisenbahnschienen angelegten Linien mit *Buxus sempervirens „Suffruticosa"* (Buchsbaum), einer immergrünen Pflanze, zu setzen. Die Pflanzen werden im Abstand von 15–23 cm gesetzt. Der Salbei in den unterschiedlichsten Farbtönen kann dann im Frühjahr eingepflanzt werden. Regelmäßiges Zurückschneiden verhindert, dass die anderen Pflanzen im Muster überwuchert werden.

Lockere Muster

Informelle Kräuterarrangements, z. B. in kreisförmiger Anordnung, sind leichter zu gestalten und brauchen auch weniger Pflege als strenge Entwürfe. Hier können mit Höhenunterschieden schöne Farbkontraste geschaffen werden, z. B. können sich die blau-grünen, fedrigen Blätter des Fenchels über einem Meer von kontrastreichen farbigen Kräutern wiegen.

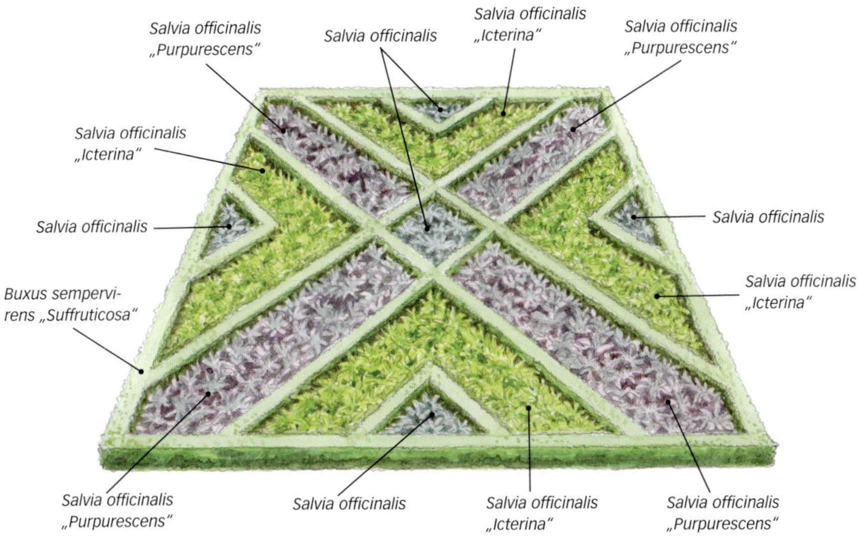

Duftgärten

Was ist ein Duftgarten?

Duftgärten bestehen aus einer Vielzahl duftender Blumen, von wohlriechenden Kräutern bis zu duftenden Gartenblumen. Der englische Begriff dafür, „nosegay", zeigt deutlich, dass in „nose" das Wort Nase, aber auch Duft, und „gay" für farbenprächtig, fröhlich oder Zierde steckt. Heute wird der englische Begriff, der sich auch im Deutschen immer mehr durchsetzt, für fröhliche Blumenbouquets verwendet, in denen viele wohlduftende Kräuter eingebunden sind. Manche Kräuter geben den Duft durch die Blüten, andere durch ihre Blätter ab.

Beruhigende Düfte

So wie manche Farben wie z. B. Blau eine beruhigende, entspannende Wirkung auf uns Menschen haben, wirken auch manche Kräuter. Der süße, honigartige Duft des Lavendel und andere fruchtige Düfte in einem Duftgarten gehören dazu. Wir nehmen den Duft und die Wirkung wahr, ohne dass der Duft sich aufdrängt.

Können Kräuter und andere Duftpflanzen zusammen angepflanzt werden?

Solange eine Duftpflanze nicht in das Nachbarfeld eindringt und die dort wachsenden Pflanzen überwuchert, können die Pflanzen in einem gemeinsamen Bereich wachsen. Wählen Sie einen windgeschützten Ort, der auch von Spätfrösten nicht beeinträchtigt ist. Sorgen Sie auch dafür, dass Wasser gut ablaufen kann. Erde, die die Feuchtigkeit gut speichert, ist von großem Vorteil. Mit dem Düngen sollte man zurückhaltend sein. Probieren Sie doch eine bunte Mischung aus Stauden wie Rosmarin und Lavendel (beide können auch eine wohlduftende, blühende Gartenhecke bilden) und kurzlebigen, einjährigen Pflanzen. So können Sie dem Garten jedes Jahr ein neues Bild geben. Mischen Sie Küchenkräuter mit duftenden Blumen und Pflanzen mit wohlriechenden Blättern. Kräuter mit farbigen Blättern wie z. B. Salbei und Thymian können noch weitere Anziehungspunkte für das Auge sein.

Ein duftender Kräutergarten

Duftgärten sind ein Ort der Ruhe und Erholung. In einem größeren Garten trennen Sie diesen Bereich mit Sicht- und Windschutzwänden ab und pflanzen eine Mischung aus Kräutern und Duftpflanzen.

Sie können den ganzen Bereich mit niedrigen Buchsbaumhecken umpflanzen und so dem Garten ein einheitliches Bild geben.

• Pflanzgefäße in Duftgärten

Kübel können als Blickfänger sowohl in Duftgärten als auch auf Terrassen, einzeln oder als Gruppe zusammengestellt werden. Ein einziger großer Topf oder Kübel bepflanzt mit *Rosmarinus officinalis* (Rosmarin) kann einem Garten schon einen Hauch von Bauerngarten verleihen (s. unten): Diese immergrüne Pflanze wird auf Seite 103 noch genau beschrieben. Schneiden Sie ein paar Zweige Rosmarin ab und stellen Sie sie ins Haus. Schon wird der ganze Raum mit einem schweren, leicht kampferartigen Aroma ausgefüllt. Vorher sollten Sie die Zweigenden mit einem Hammer flach klopfen und sie über Nacht in kaltes Wasser legen, dann duften sie noch intensiver und bleiben länger frisch.

Chamaemelum nobile (Kamille, auch als *Anthemis nobilis* bekannt) enthält ein ätherisches Öl, das oft für Liköre verwendet wird. Die Pflanze, aus deren Blüten auch Kamillentee gemacht werden kann, wächst auch gut in Pflanzgefäßen. (s. oben). Sie wirkt leicht und beschwingt und sieht besonders hübsch in verzierten Töpfen aus. Töpfe aus Terrakotta sind schöner als weiße oder bunte. Die Blüte der Kamille ähnelt der eines Gänseblümchens und sitzt auf einem kurzen Stiel. Sie blüht den ganzen Sommer über. Sie können sie auch mit einem bananenähnlichen Duft haben, dann wählen Sie die Sorte „Treneague", die allerdings nicht blüht.

Rosmarin springt ins Auge, wenn er allein in einem großen Topf wächst. Es sieht auch umwerfend aus, wenn drei oder fünf kleinere Pflanzen zusammen in einem großen Gefäß sind.

Setzen Sie drei *Chamaemelum nobile* (Kamille)-Pflanzen in einen besonders schönen Topf. Schneiden Sie die Triebe regelmäßig zurück, das fördert ein buschiges Wachstum.

• Wie man einen kleinen duftenden Blumenstrauß bindet

Mit duftenden Gartenblumen und Kräutern können ganz wirkungsvoll und farbenprächtig Blickpunkte im Haus geschaffen werden. Nicht nur als Blumensträuße oder Tischdekoration (s. unten) wirken sie bezaubernd, sondern verschönern Schlafräume und Gästezimmer. Auch als Handsträußchen für Brautjungfern sind duftende Pflanzen eine besonders schöne Idee.

Ein kleiner Duftstrauß

Ein Blumenstrauß bringt Glanz in einen Raum und ist ein wunderschönes Geschenk für Freunde.

Ein Duftstrauß als Tischdekoration

Ein duftendes Sträußchen wird zu einem Teil der Tischdekoration und kann auch ein Gespräch anregen.

• Duftende einjährige Pflanzen

Beim Binden von Duftblumensträußen wird die Fantasie angeregt, und blühende und duftende einjährige Pflanzen darin einzubauen, erhöht die Lust an dieser Beschäftigung noch. Bleiben Sie bei dieser Zusammensetzung, denn große, exotische Pflanzen würden den zarten, natürlichen und „alltäglichen" Charakter zerstören, weil sie oft zu farbdominant sind. *Calendula officinalis* (Ringelblume) hat ein scharfes Aroma, während *Scabiosa atropurpurea* (Skabiose) einen warmen, süßen, honigähnlichen Duft verströmt.

Kräuter in Blumenarrangements

- **Eignen sich Kräuter überhaupt dafür?**

Frische Kräuter eignen sich hervorragend für ungewöhnliche Blüten- und Blätterarrangements. Sie sind vielseitig verwendbar und verbinden durch ihre große Vielseitigkeit an Formen, Farben und Beschaffenheiten süße mit erfrischenden Düften. Schirmartige Blütenköpfe aus vielen kleinen Einzelblüten bestechen genauso wie große, farbenprächtige Blumen.

- **Kräuter für Blumenarrangements**

Viele Kräuter mit ihren zierenden Blättern und Blüten sind geradezu ideal als Dekoration oder Teil von Blumenarrangements. Nachfolgend werden einige vorgestellt:

Borago officinalis
Borretsch
Die Blätter sind leicht oval mit silbergrauen Härchen. Er hat außerdem sehr attraktive Blüten (s. S. 72).

Calendula officinalis
Ringelblume
Zartgrüne, löffelförmige Blätter und große, gänseblümchenartige, hellorangefarbene oder gelbe Blüten (s. S. 74).

Melissa officinalis
Melisse
Sie duftet nach Zitronen, ist wie eine Nessel geformt und hat hellgrüne Blätter (s. S. 88).

Mentha
Grüne Minze
Die meisten Arten wachsen aufrecht und geben Sträußen damit einen wirkungsvollen Grundcharakter (s. S. 90).

Monarda didyma
Indianernessel
Mittelgrüne, haarige, aromatische Blätter, die einen herrlichen Duft verströmen (s. S. 94).

Rosmarinus officinalis
Rosmarin
Immergrüner Busch mit flachen, dunkelgrünen, aromatischen Blättern und sehr auffallenden Blüten (s. S. 103).

Salvia officinalis
Salbei
Aromatische, grau-grüne Blätter, im Sommer violette Blüten. Es gibt Salbei in verschiedenen Farben. (s. S. 106).

Thymus vulgaris
Thymian
Kriechende Triebe mit schönen Blättern, damit verdeckt das Kraut Topfränder (s. S. 114).

● Doldenblütler

Im Blumenarrangement erregen Doldenblütler mit ihren schirmähnlichen Köpfen immer die sofortige Aufmerksamkeit, besonders wenn sie aus den Blumensträußen etwas hervorgehoben arrangiert sind. Es gibt einige Pflanzen mit diesen Samenköpfen, wie z. B.:

Anethum graveolens

Dill

Gelbe Blüten und blau-grüne Blätter (s. S. 62).

Angelica archangelica

Engelwurz

Hervorstechende Blütenköpfe, wirken sehr gut in einem großen Arrangement (s. S. 64).

Anthriscus cerefolium

Kerbel

Weiße Blüten und leuchtend grüne Blätter (s. S. 65).

Carum carvi

Kümmel

Kleine, grüne Blüten und farnartige Blätter (s. S. 76).

Foeniculum vulgare

Fenchel

Goldgelbe Blüten und blau-grüne Blätter (s. S. 80).

Pimpinella anisum

Anis

Weiße Blüten und grüne Blätter (s. S. 102).

Gewürz- und Kräuterensemble für Profiköche

● Kräuter- und Blumenarrangements

Getrocknete Kräuter in Blumensträußen und -gestecken

Sie können gerade winterliche Blumensträuße durch interessante und farbenfrohe Kräuter aufpeppen. Außerdem geben sie einer gut belüfteten Küche einen schönen, ländlichen Touch. Hängen Sie die Trockensträuße von der Decke herab oder stellen Sie sie in Körben aus.

Blumen trocknen

Viele Kräuter sind ganz leicht zu trocknen und behalten dabei ihre Farbe und ihren Duft. Das beste Ergebnis bringen die Blumen, deren Blüten klein und dicht zusammensitzen. Pflanzen mit schweren Blütenköpfen lässt man am besten aufrecht, in der leeren Vase stehend, an einem warmen, trockenen Platz trocknen. Andere Kräuter wie z. B. Salbei, Majoran und Lavendel trocknen am besten zu kleinen Büscheln gebunden in einem warmen, gut gelüfteten Raum.

Immergrüne Blätter trocknen

Am einfachsten können immergrüne Blätter, zu kleinen Büscheln zusammengebunden, in einem trockenen, gut gelüfteten Raum getrocknet werden. Setzen Sie die Büschel nicht zu hohen Temperaturen aus, dort würden sie zu schnell trocknen. Am besten pflückt man die Kräuter im Sommer, dann sind sie in einem sehr guten Zustand.

Sommergrüne Kräuter trocknen

Diese Kräuter werden wie immergrüne Kräuter behandelt, allerdings verlieren sie sehr schnell die Feuchtigkeit, schrumpeln ein und sehen in den Blumenarrangements schnell unattraktiv aus. Sie sehen aber, zu kleinen Bündeln zusammengebunden, sehr schön in Potpourri-Mischungen aus oder wenn sie von Haken oder Balken in der Küche hängen.

Eine bunte Mischung aus Kräutern, Gartenblumen und Blättern verfehlt nie die gewünschte Aufmerksamkeit.

Außergewöhnliche und rustikale Behälter erhöhen noch die Wirkung von Kräuter- und Blumenarrangements.

Kräuter in Potpourris

- **Was ist ein Potpourri?**

Potpourris sind Mischungen aus getrockneten, duftenden Blütenblättern, denen noch aromatische Kräuter, Gewürze und Samen hinzugefügt werden. Meist werden sie zusätzlich mit ätherischen Ölen beträufelt. Im Mittelalter wurden sie verwendet, um unangenehme Gerüche von Kranken zu überdecken. Heute stellt man sie aus, um Räumen einen angenehmen Duft zu geben. In speziellen Geschäften gibt es fertige Mischungen, aber wenn Sie einen eigenen Kräutergarten haben, ist es natürlich viel aufregender, eine eigene Mischung zu kreieren oder die Kräuter anderen Potpourris hinzuzufügen.

Wie sind Potpourris entstanden?
Der Name kommt aus dem Französischen und bedeutet wörtlich übersetzt „verrotteter Topf". Das bezieht sich auf die ursprüngliche Herstellung von Potpourris, bei der Lagen von frischen Blumen mit Salz zur Gärung gebracht wurden, um so intensiv duftende und langanhaltende Mischungen zu erschaffen, mit denen Räume aromatisiert wurden. Sie sahen allerdings matschig braun und dementsprechend unattraktiv aus. Und so wird der Begriff ausgesprochen: pot-pu-ri .

- **Behälter für Potpourris**

Attraktive und interessant geformte Behälter sind ein wesentlicher Teil eines gelungenen Potpourris. Sie können aus Porzellan, glasierter Tonware oder Glas sein. Kupfer- und Messingbehälter wirken auch sehr apart. Hölzerne Gefäße können zwar auch verwendet werden, allerdings nimmt das Holz den Geruch der ätherischen Öle und den Duft der Mischung an. Deshalb sollte man vorher eine Porzellanschüssel in den Holzbehälter stellen.

Behälter mit Deckel sind wichtig für „feuchte" Potpourris, weil sie den Duft im geschlossenen Zustand erhalten.

- **Den Duft auffrischen**

Der Duft eines Trocken-Potpourris verflüchtigt sich langsam nach ein paar Wochen, besonders dann, wenn es in einem warmen Raum steht und die Zutaten immer der Luft ausgesetzt sind. Damit Sie das Potpourri nicht ständig erneuern müssen, können Sie die Mischung auch mit ein paar Tropfen eines ätherischen Öls auffrischen.

- **Schnelle Duftwirkung erzielen**

Manchmal will man einen Raum ganz schnell mit einem guten Duft erfüllen. Dann geben Sie das Potpourri nicht in ein schmales, hohes Gefäß, sondern in ein großes, breites, sodass sich der Duft schneller verteilen kann.

Verwenden Sie ein breites Gefäß, wenn sich der Duft schnell ausbreiten soll.

- **Sparsame Potpourris**

Wählen Sie einen schön verzierten, breiten Behälter aus und bedecken Sie den Boden mit einer zusammengedrückten Zeitung. Legen Sie darauf eine glatte Zeitungsseite, auf der Sie dann eine dünne Potpourrischicht ausbreiten. Achten Sie darauf, dass die Zeitung nicht sichtbar ist.

Mit einer Mischung aus Blüten und Blättern können die schönsten langanhaltenden Düfte gezaubert werden.

Getrocknete Potpourris herstellen

Intensiv duftende Blüten sind der Hauptbestandteil eines Potpourris, meistens sind das sehr farbenprächtige, stark duftende Rosen. Dann werden der Mischung andere duftende Blumen wie z. B. Lavendel, Jasmin, *Philadelphus* (Pfeifenstrauch), Geißblatt und Nelken hinzugefügt. Damit die Mischung auch richtig farbenfroh und optisch anziehend wirkt, gibt man oft noch besonders schön geformte Blumen wie Ringelblumen, Forsythien, Kornblumen, Vergissmeinnicht, Borretsch und Rittersporn hinzu, auch einige ewig haltende Blumen eignen sich dafür.

Es gibt viele Rezepte für Trocken-Potpourris, die je nach vorhandenen Zutaten variiert werden können. Hier finden Sie ein Grundrezept.

Wie das Trocken-Potpourri hergestellt werden kann

- Vermischen Sie vorsichtig alle Zutaten und achten Sie darauf, dass die empfindlicheren, weicheren Bestandteile nicht gequetscht oder zerstört werden.
- Fügen Sie ein paar Tropfen ätherisches Öl hinzu und rühren Sie das Ganze mit einem bleistiftähnlichen Stöckchen um.
- Geben Sie die Mischung in ein Gefäß mit Deckel und schütteln Sie den Inhalt täglich auf. Nach sechs Wochen ist es „reif" und kann in eine offene Schale oder andere dekorative Behälter umgefüllt und in den Raum gestellt werden. Fügen Sie einige Blütenköpfe hinzu, dann wird es noch attraktiver und farbenreicher.

Zutaten

- 2 Tassen getrocknete Rosenblätter
- 2 Tassen getrocknete Lavendelblüten
- 1 Tasse Kornblumenblüten
- 1 Tasse Zitronenverbenen-Blätter
- ½ Tasse pulverige Iriswurzeln
- 1 Esslöffel gemahlener Piment
- 1 Esslöffel gemahlener Zimt
- 1 Esslöffel gemahlene Nelken
- ein paar Tropfen Rosenöl

Breiten Sie die Zutaten in einer dekorativen Schale aus und achten Sie darauf, dass sie dabei nicht zerdrückt werden.

Tröpfeln Sie gleichmäßig ein paar Tropfen einer duftenden Essenz über alle Zutaten. Dann mischen Sie alles mit einem dünnen Stäbchen oder Bleistift.

Fertige Potpourris

Natürlich kann man auch fertige Potpourri-Mischungen kaufen. Hier sind ein paar Tipps für den richtigen Einkauf:

- Sie wissen, in welchem Raum das Potpourri ausgestellt werden soll. Wählen Sie eine Mischung, deren Hauptfarbe mit der Einrichtung des Raumes harmoniert.
- Prüfen Sie nach, ob der Duft der Mischung noch stark genug ist und ob er Ihnen gefällt.
- Kaufen Sie nur eine Mischung, die frisch und hell aussieht und nicht schon zu lange irgendwo gelagert wurde.
- Nach dem Kauf verschließen Sie den Behälter mit Klebestreifen, damit von dem kostbaren Inhalt nichts verloren geht, denn der Duft verfliegt schnell, wenn das Potpourri heißen Temperaturen und Wind ausgesetzt ist.

Schalen von Zitrusfrüchten hinzufügen

Die getrockneten Schalen der Pampelmuse, von Limetten, Orangen und Zitronen können einem Potpourri ebenfalls einen wunderbaren Duft geben. Die Schalen sind leicht zu präparieren, aber denken Sie daran, dass sie bis zu zehn Tage zum Trocknen brauchen (je nach Raumtemperatur). Hier erfahren Sie, wie die Schalen getrocknet werden können.

- Entfernen Sie die Schalen einiger Früchte, kratzen Sie das weiche Innere heraus und schneiden Sie die Schalen in breitere Streifen. Ein scharfes Küchenmesser eignet sich gut für diese Zwecke.
- Bedecken Sie ein Tablett mit Küchentüchern aus Papier (oder Stoff), breiten Sie darauf die Schalen aus und stellen Sie es zum Trocknen in einen gut durchlüfteten Schrank. Sobald sie getrocknet sind, geben Sie die Schalen in ein Glas mit Schraubverschluss.

Achten Sie darauf, dass die gesammelten Blätter und Blüten nicht trocknen, bevor Sie daraus ein Potpourri mischen.

Küchenkräuter von A bis Z

Küchenkräuter von A bis Z

- **Wie viele unterschiedliche Küchenkräuter gibt es?**

Jeder kennt die landläufigen Kräuter wie Minze, Petersilie, Salbei und Thymian, aber es gibt noch so viele andere, die unseren Speisen wie z. B. Fleisch, Fisch, Eintopf oder sogar Brot einen besonderen Geschmack geben können. Hier werden Ihnen jetzt 39 Küchenkräuter vorgestellt und wie Sie diese in Ihrer Küche nutzen können. Die meisten schmecken frisch am besten, andere können getrocknet oder sogar eingefroren werden. Wie man das macht, werden Sie auf den Seiten 136–139 erfahren. Sie können die Kräuter in Gartencentern, aber auch in darauf spezialisierten Gärtnereien kaufen oder die Pflanzen mit Stecklingen, Samen oder durch Teilen der Mutterpflanze selbst ziehen (s. S. 128–131).

- **Die richtige Kräuterpflanze finden**

Die Pflanzen in diesem Kapitel sind ihrem botanischen Namen nach alphabetisch geordnet. Die Liste rechts wird Ihnen helfen, die Kräuter auch unter dem deutschen Gebrauchsnamen zu finden.

Deutscher Name	Botanischer Name	Seite
Ananasminze	*Mentha suaveolens „Variegata"*	Seite 92
Anis	*Pimpinella anisum*	Seite 102
Apfelminze	*Mentha suaveolens*	Seite 91
Basilikum	*Ocimum basilicum*	Seite 96
Bergbohnenkraut	*Satureja montana*	Seite 109
Bohnenkraut, einfaches	*Satureja hortensis*	Seite 108
Borretsch	*Borago officinalis*	Seite 72
Dill	*Anethum graveolens*	Seite 62
Eberraute	*Artemisia abrotanum*	Seite 68
Engelwurz	*Angelica archangelica*	Seite 64
Estragon	*Artemisia dracunculus*	Seite 70
Fenchel	*Foeniculum vulgare*	Seite 80
Indianernessel	*Monarda didyma*	Seite 94
Ingwer	*Zingiber officinale*	Seite 116
Kerbel	*Anthriscus cerefolium*	Seite 65
Knoblauch	*Allium sativum*	Seite 57
Koriander	*Coriandrum sativum*	Seite 78
Kümmel	*Carum carvi*	Seite 76
Liebstöckel	*Levisticum officinale*	Seite 86
Lorbeer	*Laurus nobilis*	Seite 85
Majoran	*Origanum majorana*	Seite 98
Majoran, französischer	*Origanum onites*	Seite 100
Marienblatt	*Tanacetum balsamita*	Seite 110
Meerrettich	*Armoracia rusticana*	Seite 66
Melisse	*Melissa officinalis*	Seite 88
Minze, grüne	*Mentha spicata*	Seite 90
Petersilie	*Petroselinum crispum*	Seite 101
Rainfarn	*Tanacetum vulgare*	Seite 112
Ringelblume	*Calendula officinalis*	Seite 74
Rosmarin	*Rosmarinus officinalis*	Seite 103
Salbei	*Salvia officinalis*	Seite 106
Sauerampfer	*Rumex scutatus*	Seite 104
Schnittlauch	*Allium schoenoprasum*	Seite 58
Süßdolde	*Myrrhis odorata*	Seite 95
Süßholz	*Glycyrrhiza glabra*	Seite 82
Thymian	*Thymus vulgaris*	Seite 114
Weinraute	*Ruta graveolens*	Seite 105
Ysop	*Hyssopus officinalis*	Seite 84
Zitronenverbene	*Aloysia triphylla*	Seite 60

Knoblauch

Allium sativum

• Anbau und Vermehrung

Knoblauch braucht viel Wärme. Er liebt lockere, leichte, durchlässige, aber feuchtigkeitshaltende Erde, die schon im frühen Winter gedüngt worden ist. Die Erde sollte vor der Bepflanzung genug Zeit gehabt haben, sich zu setzen. Kaufen Sie im späten Winter reife, gesunde Knollen, die dann im Frühjahr gepflanzt werden.

Die Knoblauchzehen werden einzeln und 15 cm voneinander entfernt in 7,5 cm tiefe Löcher gesetzt. Der Abstand zur nächsten Reihe beträgt ca. 23–30 cm. Setzen Sie jede Zehe mit der spitzen Seite nach oben in die Pflanzrille, sodass die Spitze gerade eben unter der Erde liegt. Drücken Sie die Zehen nicht in die Löcher, weil das die Wurzelentwicklung hemmt.

Manche pflanzen auch ganze Knollen, die dann natürlich mehr Platz brauchen. Die Löcher sollten dann ca. 10 cm tief sein.

• Pflanzenpflege

Halten Sie die Erde feucht, nicht zu nass und frei von Unkraut. Normalerweise machen diese Pflanzen überhaupt keine Probleme.

• Ernte

Im Spätsommer, wenn die Blätter und Stängel gelb werden, können Sie die Knollen vorsichtig mit einer Grabegabel bzw. Gartenforke aus der Erde heben. Lassen Sie die Knollen zum Trocknen und Nachreifen auf der Erdoberfläche liegen. Sie können die Knollen dann in Netzen in einem trockenen, kühlen, aber frostfreien Schuppen lagern.

Die Knollen können auch zusammengebunden aufgehängt werden.

Eigenschaften

- Höhe: 30–75 cm
- Ausbreitung: 23–30 cm

- Der Knoblauch ist eine winterharte, mehrjährige Knolle, die zur Familie der Zwiebelgewächse gehört und bekannt ist für ihren eigenen Geruch und Geschmack. Er hat schmale, grau-grüne Blätter und eine Knolle, die aus mehreren Nebenzwiebeln, den Knoblauchzehen, besteht, die mit einer weißen Schale umgeben sind. Im Sommer produziert er Scheindolden mit kleinen, blassrosa Blüten.

- **Verwendung in der Küche:** Mit Knoblauchzehen werden die unterschiedlichsten Speisen gewürzt, z. B. Salate, Fisch und Fleisch. Besonders in den Balkanländern wird er vielfältig verwendet. Er sollte trotzdem mit Vorsicht gebraucht werden, weil viele Menschen allergisch darauf reagieren. Manche französischen Köche verweigern den Gebrauch, weil er ihrer Meinung nach den eigentlichen Geschmack der Speisen zu sehr überdeckt. Also bitte sparsam damit umgehen.

Die Knolle besteht aus mehreren Zehen.

Stängel und Knolle

Schnittlauch

Allium schoenoprasum

Anbau und Vermehrung

Schnittlauch wächst in Büscheln, die nach 3–4 Jahren im Herbst ausgegraben und geteilt werden sollten. Die vom äußeren Rand abgeteilten Jungpflanzen werden in 30 cm Abstand wieder in die Erde eingepflanzt und der Kern der Pflanze entsorgt. Schnittlauch liebt lockeren, durchlässigen Boden. Er wächst in voller Sonne und im Halbschatten.

Man kann alternativ dazu Samen im Frühling oder frühen Sommer dünn und gleichmäßig in 12 mm tiefen Saatrillen aussäen. Die Reihen sollten einen Abstand von ca. 30 cm haben. Die Keimung dauert 2–3 Wochen. Wenn die Sprösslinge groß genug sind, sollten sie vorsichtig 15 cm voneinander entfernt auseinandergepflanzt werden. Später kann man sie dann an ihren gedachten Standort im Abstand von 30 cm pflanzen.

Pflanzenpflege

Den ganzen Sommer über sollten die Pflanzen regelmäßig gegossen und die blühenden Triebe entfernt werden, um das Blattwachstum anzuregen. Im Herbst sterben die Pflanzen bis auf Erdhöhe ab, um dann im nächsten Frühjahr wieder neu auszutreiben.

Schnittlauch ist auch gut in Töpfen oder Blumenkästen zu ziehen. Im Herbst können die Töpfe zum Überwintern ins Haus geholt und auf eine kühle Fensterbank gestellt werden, wo sie bis zur Wintermitte weiter frische Blätter produzieren.

Ernte

Die Blätter werden bis knapp über der Erde abgeschnitten. Die jungen Blätter schmecken am besten. Die Blätter können frisch verzehrt, aber auch getrocknet oder eingefroren werden (s. S. Seiten 136–139).

Eigenschaften

- Höhe: 15–25 cm
- Ausbreitung: 25–30 cm

- Schnittlauch ist eine winterharte Staude, die horstartig wächst und grasähnliche, rundliche, hohle, mittelgrüne Stängel hat. Im Frühsommer und in der Mitte des Sommers bilden sich an den dickeren Stängeln kugelförmige rosafarbene Blüten.

- **Verwendung in der Küche:** Mit dem milden Geschmack der Blätter lassen sich hervorragend Suppen, Omeletts, Eier und Käsegerichte würzen oder Sandwiches bestreuen. Ganz fein geschnitten kann man damit auch Kartoffelpüree garnieren oder frischen Pellkartoffeln einen besonders leckeren Geschmack geben. Die Blätter können auch als *fines herbes* und in *sauce tartare* verwendet werden.

Zitronenverbene

Aloysia triphylla

Anbau und Vermehrung

Mitten im Sommer können Sie 7,5 cm lange Stecklinge von den jungen Seitentrieben schneiden. Entfernen Sie die unteren Blätter und schneiden Sie ein Stück unterhalb des letzten Blattes noch einmal mit einem glatten Schnitt ab. Vermengen Sie zu gleichen Teilen feuchten Torf und Sand, füllen Sie die Mischung in Töpfe, stecken Sie die Stecklinge vorsichtig hinein und stellen Sie diese zum Vermehren an einen warmen Ort. Wenn die Stecklinge Wurzeln treiben, pflanzen Sie die Jungpflanzen in größere Töpfe und stellen sie zum Überwintern in ein frostfreies Gewächshaus oder an einen kühlen Ort. Im Spätfrühling des nächsten Jahres können sie im Garten ausgepflanzt werden.

Pflanzenpflege

Zitronenverbenen, die in Töpfen wachsen, sollten jedes Jahr im Frühjahr umgetopft werden. Sie brauchen einen sonnigen, windgeschützten Platz und lockeren, durchlässigen Boden.

Pflanzen, die in der Erde und in einem kälteren Teil der Erde wachsen, sollten im Herbst zurückgeschnitten und die Wurzeln bis zum Frühjahr mit Stroh bedeckt werden. Sie können auch, in Töpfe gepflanzt, an einem kühlen Platz im Haus überwintern.

Große, kräftige Pflanzen, die in warmen Gegenden wachsen und holzige Triebe entwickeln, können im Frühling bis auf eine Höhe von 30 cm zurückgeschnitten werden, um das Wachstum anzuregen.

Ernte

Pflücken Sie die Blätter den ganzen Sommer über und benutzen Sie diese frisch. Alternativ dazu können die Blätter auch im Spätsommer geerntet und in luftdichten Behältern gelagert werden.

Eigenschaften

- Höhe: 1,20–1,80 m
- Ausbreitung: 90 cm

- Zitronenverbenen sind auch unter dem Namen *Lippia citriodora* bekannt. Dieser schlanke, laubabwerfende Strauch braucht den Winter über ein kühles Gewächshaus. In wärmeren Gegenden kann er auch draußen bleiben. Er hat blasse bis mittelgrüne, aromatische, lanzettförmig geformte Blätter und im Spätsommer trägt er kleine, malvenfarbene Blüten. Die Blätter verströmen einen intensiven Zitronenduft, wenn man sie zwischen den Fingern reibt.

- **Verwendung in der Küche:** Die Blätter werden vielfältig verwendet, für Füllungen, aber auch zum Würzen von Hühnchen und Fisch. Sie können Marmeladen beigefügt werden und ergeben auch einen herrlich erfrischenden Tee.

malvenfarbene Röhrenblüten

nach Zitronen duftende Blätter

Dill

Anethum graveolens

Anbau und Vermehrung

Die Pflanze bevorzugt durchlässigen, leicht gedüngten Boden und einen sonnigen Standort. Vom Frühjahr bis in den Hochsommer kann der Samen dünn und gleichmäßig in 12 mm tiefe Saatrillen ausgesät werden. Der Reihenabstand sollte ca. 30 cm breit sein. Die Keimung dauert 10–14 Tage.

Wenn die Keimlinge groß genug sind, können sie im Abstand von 7,5–10 cm ausgedünnt werden. Später werden sie erneut ausgedünnt und haben dann einen Abstand von ca. 20 cm von Pflanze zu Pflanze.

- **Pflanzenpflege**

Achten Sie darauf, dass der Boden feucht, aber nicht durchnässt ist, um ein schnelles Wachstum anzuregen. Entfernen Sie das Unkraut, weil es sonst die Feuchtigkeit und Nährstoffe aus der Erde, die die Sprösslinge umgibt, nimmt.

- **Ernte**

Pflücken und verwenden Sie die Blätter, wenn sie frisch und jung sind. Die Blätter sind schwer zu trocknen, können aber gut eingefroren werden (s. S. 136–139).

- **Wichtiger Hinweis:**

Pflanzen Sie Dill und Fenchel nicht nebeneinander, weil man die selbst ausgesäten Sprösslinge schlecht auseinanderhalten kann.

Eigenschaften

- Höhe: 60–90 cm
- Ausbreitung: 30–38 cm

- Dill ist auch als *Peucedanum graveolens* bekannt, wächst aufrecht, hat hohle Stängel und blau-grüne, fadendünne, zartgefiederte Blätter, die ausgeprägt nach Dill oder Anis duften. Vom Früh- bis zum Hochsommer trägt er kleine, zart gefiederte Blütendolden, die bis zu 7,5 cm breit sein können.

- **Verwendung in der Küche:** Frisch gepflückte Blätter werden für gewöhnlich zum Garnieren und Würzen von Fischgerichten, gekochten Kartoffeln, Erb-sen, Bohnen, Suppen und Geflügel verwendet. Der Samen hat einen ausgeprägten Anisgeschmack und wird oft dem Essig für eingelegte Essiggurken beigefügt.

Blütendolde

fadendünne Blätter

Samen mit starkem Anisgeschmack

Engelwurz

Angelica archangelica

- **Anbau und Vermehrung**

Im Frühling wird der Engelwurzsamen draußen dünn und gleichmäßig in 6 mm tiefen Saatrillen ausgesät, die Reihen stehen in einem Abstand von 25–30 cm. Wenn die Keimlinge groß genug sind, werden sie in Abständen von 30 cm umgepflanzt, die Reihen haben den gleichen Abstand.

Im Frühjahr des darauffolgenden Jahres pflanzt man sie an ihren endgültigen Standort.

- **Pflanzenpflege**

Die Pflanzen lieben einen gut genährten Boden und einen sonnigen oder halbschattigen Standort. Gießen Sie regelmäßig und halten Sie den Boden frei von Unkraut. Das Dickenwachstum der Stängel können Sie durch Abknipsen der Blütenköpfe anregen. Pflanzen, die nicht blühen konnten, wachsen bis ins nächste Jahr hinein.

- **Ernte**

Die Hauptstängel werden im Frühsommer geschnitten, solange sie noch zart sind und die Pflanze keine Blüten trägt. Seitentriebe kann man auch noch im Spätsommer schneiden. Schneiden Sie die Blätter und die Stängel ab.

Eigenschaften

- Höhe: 2,10 m
- Ausbreitung: 90 cm

- Engelwurz ist eine winterharte, zweijährige Pflanze, kann aber auch als kurzlebige Staude gezogen werden. Sie ist in einem Kräutergarten ein ganz dominanter Bestandteil und eignet sich mit anderen Kräutern auch gut als Randbepflanzung. Sie hat große, helle, glänzend grüne, tief eingeschnittene Blätter, die von dicken, festen Stängeln getragen werden. Im Hoch- und Spätsommer entwickelt die Pflanze gelbgrüne, ca. 7,5 cm große Dolden.

- **Verwendung in der Küche:** Die Stängel können kandiert und als Kuchendekoration verwendet werden.

große, glänzende, grüne Blätter

große, auffallende Doldenblüten

Die Stängel können kandiert werden.

Kerbel

Anthriscus cerefolium

Eigenschaften
- Höhe: 30–45 cm
- Ausbreitung: 30–38 cm

- Kerbel ist eine zweijährige, winterharte Pflanze. Sie hat hellgrüne, farnartige Blätter, die entfernt an Petersilie erinnern. Die Stängel sind hohl und aromatisch. Im Frühsommer bis Spätsommer des zweiten Jahres entwickelt sie bis zu 7,5 cm breite, weiße Doldenblüten.

- **Verwendung in der Küche:** Die Blätter mit ihrem köstlichen anisartigen Aroma werden oft zum Garnieren von Salaten und Sandwiches verwendet, aber auch zum Würzen von Salaten, Suppen, Eiern und Fischgerichten. Trockene Blätter nimmt man auch für Füllungen oder als *fines herbes* in Omeletts. Die Blätter können frisch, getrocknet oder eingefroren werden.

• Anbau und Vermehrung

Kerbel ist eine zweijährige Pflanze, wird aber meistens als einjährige Pflanze angebaut, da man so jedes Jahr die jungen Blätter zur Verfügung hat. Im Spätfrühling bis Hochsommer wird der Samen dünn und regelmäßig in flachen Saatrillen ausgesät, die Reihen stehen 30 cm voneinander entfernt. Die Keimung dauert 2–3 Wochen. Wenn die Keimlinge groß genug sind, werden sie auf 15 cm Abstand ausgedünnt, später erneut auf einen Abstand von 30 cm.

Wer regelmäßig frische Blätter haben möchte, sät alle 4–5 Wochen erneut aus. Nehmen Sie nur frischen Samen, weil dieser besser keimt als älterer.

• Pflanzenpflege

Die Erde sollte feucht gehalten werden, besonders während Trockenzeiten. Die Blütenköpfe sollten auch regelmäßig herausgeknipst werden, wenn Sie keinen Samen möchten.

• Ernte

Die jungen Blätter schmecken am besten. Zum Trocknen der Blätter sollten sie ca. 8 Wochen nach der Aussaat gepflückt werden.

Meerrettich

Armoracia rusticana

• Anbau und Vermehrung

Die Pflanze kann über mehrere Jahre am selben Ort wachsen, vermehrt sich schnell und wird deshalb meistens jedes Jahr neu gepflanzt. Achten Sie dann darauf, beim Ernten im Frühherbst alle Wurzeln herauszunehmen.

Meerrettich mag einen gut durchgearbeiteten, fruchtbaren, durchlässigen Boden und einen sonnigen oder leicht schattigen Standort. Stechen Sie im Frühjahr mit einem Pflanzholz in einem Abstand von 60–75 cm ca. 30 cm tiefe Löcher, in die jeweils eine Wurzel (auch Wurzelsteckling genannt) kommt. Die Wurzeln sollten fingerdick und ca. 23–30 cm lang sein. Die Spitze jedes Wurzelstecklings sollte ca. 5 cm unter der Erdoberfläche liegen. Die Erde, mit der die Löcher dann bedeckt werden, werden leicht angedrückt. Bleiben die Pflanzen mehrere Jahre lang an derselben Stelle, müssen natürlich nicht in jedem Jahr neue Pflanzen gesetzt werden.

• Ernte

Je nach Bedarf können die Wurzeln den ganzen Sommer über geerntet werden. Meistens holt man sie jedoch im Herbst, wenn die Blätter zu welken beginnen, aus der Erde heraus. Sie werden dann gewaschen und zum Trocknen ausgelegt. Man kann sie in einer Kiste mit trockenem Sand oder Torf an einem kühlen, dunklen Ort wie z. B. in einem Schuppen lagern.

In Gegenden mit mildem Klima können die Wurzeln den ganzen Winter über in der Erde bleiben und je nach Bedarf geerntet werden. Dann sollten sie spätestens im Frühling aus der Erde gezogen werden, weil sie sonst hohl und ungenießbar werden.

Eigenschaften

- Höhe: 45–60 cm
- Ausbreitung: 45–75 cm – die Wurzeln breiten sich noch mehr aus

- Meerrettich, auch als *Cochlearia armoracia* bekannt, ist eine winterharte, langlebige Staude, deren Wurzeln sich großflächig ausbreiten. Deshalb sollte er am besten ein eigenes Beet bekommen. Im Sommer erscheinen kleine, weiße, kreuzförmige Blüten mitten unter großen, groben, wellenförmigen, dunkelgrünen Blättern mit einer rauen Oberfläche. Die Blätter werden ca. 45 cm lang. Meerrettich wird wegen seiner langen, gelblich braunen Wurzeln angebaut, die einen scharfen, pfeffrigen Geschmack haben.

- **Verwendung in der Küche**: Die Wurzel lässt man klein geschnitten oder gerieben in Milch, Essig und Gewürzen ziehen, um so eine pfeffrige Soße zu bekommen, mit der Fleisch, Fisch oder Salate gewürzt werden. Meerrettich wird sehr oft zu Rindfleisch gegessen.

lange Wurzeln

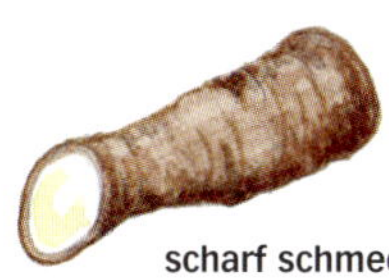

scharf schmeckende Wurzeln

Eberraute

Artemisia abrotanum

Anbau und Vermehrung

Im Spätsommer schneidet man 7,5–10 cm lange halbreife Stecklinge (am besten mit einem Stückchen Stammholz) und steckt sie in Töpfe, die mit einer Mischung aus feuchtem Torf und Sand (Verhältnis 1 : 1) gefüllt sind. Den Winter über kommen sie dann an einen kühlen Ort.

Im Frühling erhält jeder Ableger, der Wurzeln gebildet hat, einen eigenen, größeren Topf. Jetzt können die Pflanzen nach draußen gestellt und im Spätsommer oder zu Beginn des Herbstes dann in den Kräutergarten gepflanzt werden.

Pflanzenpflege

Die Erde sollte feucht und frei von Unkraut gehalten werden. Jedes Jahr im Frühling sollten die Stängel bis auf eine Höhe von 15–20 cm zurückgeschnitten werden, das regt den Austrieb und den Blätterwuchs an. Die jungen Triebe und Blätter sind frostempfindlich. Schneiden Sie deshalb die Büsche erst dann zurück, wenn kein Frost mehr zu erwarten ist.

Ernte

Den ganzen Sommer über können die Blätter je nach Bedarf gepflückt und frisch oder getrocknet verwendet werden.

Eigenschaften

- Höhe: 60 cm–1,20 m
- Ausbreitung: 60 cm–1,20 m

- Die Eberraute ist ein aufrecht wachsender, winterharter Strauch und je nach Klima laubabwerfend oder halbimmergrün. Sie bildet attraktive, flaumige grau-grüne und zart gefiederte Blätter. Wenn man sie zwischen den Fingern zerreibt, entwickeln sie einen starken, apfelähnlichen Duft. Erst im Spätsommer zeigen sich sehr kleine, mattgelbe Blüten. In Gegenden mit kühlerem Klima bringt die Eberraute jedoch sehr selten Blüten hervor.

- **Verwendung in der Küche:** Obwohl sie als Küchenkraut nicht so sehr bekannt ist, wird sie traditionell oft als Zutat von Kräutertees verwendet.

nach Apfel duftende Blätter

fein gefiederte Blätter

Estragon

Artemisia dracunculus

Anbau und Vermehrung

Die Pflanze sollte alle drei Jahre erneuert werden. Im Frühjahr können die bestehenden Pflanzen ausgegraben und geteilt werden, die Jungpflanzen, die vom äußeren Pflanzenrand abgestochen worden sind, steckt man wieder 5–7,5 cm tief und in einem Abstand von 30–38 cm in die Erde. Die Pflanze kann auch durch Samen gezogen werden, sie hat dann aber nicht so aromatische Blätter.

Alternativ dazu können im Frühling 5–7,5 cm lange Basalstecklinge entnommen und in Töpfe gepflanzt werden, die mit einer Mischung aus feuchtem Torf und Sand (Verhältnis 1 : 1) gefüllt sind. Sie werden an einen warmen Ort gestellt, bis sie Wurzeln treiben, und dann an einem kühleren Platz aufbewahrt, bis sie in den Kräutergarten kommen.

• Pflanzenpflege

Die Pflanzen können drei Jahre an derselben Stelle wachsen, aber der Geschmack ist bei jungen Pflanzen am intensivsten. Die Blütentriebe werden sofort nach dem Erscheinen entfernt.

Die ätherischen Öle im Estragon verflüchtigen sich, wenn das Kraut trocknet. Deshalb holt man die Pflanze im Herbst gerne aus dem Boden, setzt sie in große Blumentöpfe und lässt sie in einem Gewächshaus überwintern. So kann man auch den ganzen Winter über frische Blätter ernten.

• Ernte

Verwenden Sie frische Blätter, die von Frühsommer bis Spätsommer gepflückt werden. Sie können auch Zweige abschneiden und trocknen, aber sie verlieren dann schnell das Aroma. Die Blätter kann man auch einfrieren.

Eigenschaften

- Höhe: 45–60 cm, manchmal höher
- Ausbreitung: 30–38 cm, manchmal breiter

- Estragon ist eine winterharte, buschige Staude mit aromatischen, grau-grünen Blättern, die einen süßen, minzeähnlichen Geschmack haben. Im Spätsommer entwickelt er kleine, kugelige, grün-weiße Blüten, in kühlerem Klima öffnen sich diese nicht vollständig.

- **Verwendung in der Küche:** Am häufigsten wird er zur Herstellung von Estragonessig verwendet, seine frischen Blätter kommen auch oft an Salate und sind außerdem ein wesentlicher Bestandteil von *fines herbes*, französischem Senf und *sauce tartare*. Man kann mit den Blättern auch Hühnchen und andere weiße Fleischsorten sowie Soßen für Fischgerichte würzen.

Die Stängel bilden eine buschige Pflanze.

Das Aroma ist süß und leicht minzeartig.

Borretsch

Borago officinalis

Anbau und Vermehrung

Ab Frühlingsmitte bis zum Hochsommer kann der Samen dünn und gleichmäßig in flache Rillen im Abstand von 30 cm gesät werden. Wenn die Sämlinge kräftig genug sind, können sie auf einen Abstand von 25–38 cm ausgedünnt werden. Wer den ganzen Sommer über frische Blätter haben möchte, sät alle 4–6 Wochen neu aus.

Pflanzenpflege

Halten Sie die Erde den ganzen Sommer über feucht und frei von Unkraut. Die Pflanze sät sich oft selbst aus. Diese Keimlinge sollten dann entfernt werden, weil sich die Pflanze sonst zu stark ausbreitet.

Ernte

Pflücken Sie die jungen Blätter und verwenden Sie diese frisch. Man kann sie auch trocknen, aber das ist nicht so einfach, weil sie leicht schwarz werden.

Eigenschaften

- Höhe: 45–90 cm
- Ausbreitung: 30–38 cm

- Borretsch ist eine einjährige Pflanze mit ovalen, grünen Blättern, die mit rauen, silbrigen Härchen bewachsen sind. Vom Frühsommer bis in den Spätsommer hinein trägt er kleine Trauben mit blauen, manchmal auch pinkfarbenen oder weißen Blüten. Die Blüten werden gerne für Blumenarrangements verwendet.

- **Verwendung in der Küche:** Die Blüten und Blätter des Borretsch werden oft kalten Getränken wie Bowle (z. B. Claret Cup) zugefügt. Zwei oder drei Blätter reichen schon, um einem ganzen Krug voller Bowle einen erfrischenden Geschmack zu geben, der leicht an Gurke erinnert. Sie können auch Salate damit garnieren.

Die Blätter und Stängel sind fein behaart.

Die Blüten sind ideal für kalte Getränke.

Die Blätter würzen Salate und Kaltgetränke.

Ringelblume

Calendula officinalis

Anbau und Vermehrung

Im Frühling wird der Samen dünn und gleichmäßig in 12 cm tiefe Saatrillen gesät, die Reihen stehen in einem Abstand von 25–30 cm. Wenn die Pflänzchen stark genug sind, werden sie auf einen Abstand von 30 cm ausgedünnt. Die Pflanze produziert sehr viele eigene Samen.

Pflanzenpflege

Ringelblumen überleben zwar auch in nährstoffärmeren Böden, sie fühlen sich jedoch in einer gut durchlässigen, feuchtigkeitshaltenden Erde viel wohler. Sie bevorzugen einen sonnigen Standort. Schneiden Sie die welken Blüten ab, damit andere zum Blühen angeregt werden.

Ernte

Sie können den ganzen Sommer über die Blüten pflücken. Entfernen Sie dann direkt die einzelnen Blütenblätter und verwenden Sie diese sofort oder lassen Sie diese trocknen (s. S. 136–139). Nehmen Sie für Salate nur ganz frische Blütenblätter.

Nicht verwechseln!

Verwechseln Sie nicht *Calendula officinalis*, die bekannte Ringelblume, mit französischen oder afrikanischen Ringelblumen, die zur Gattung der *Tagetes* gehören.

Die Pflanze hat aufrechte und buschige Stängel.

Eigenschaften

- Höhe: 45–60 cm
- Ausbreitung: 30–38 cm

- Ringelblumen sind einjährige Pflanzen, die aufrecht und buschig wachsen. Sie haben hellgrüne, flache, löffelförmige Blätter. Vom Frühjahr bis zu den ersten Frosttagen im Herbst produzieren sie große, gänseblümchenähnliche, orangefarbene oder gelbe Blüten, die 10 cm groß werden können. Die Blätter und Stängel haben ein scharfes Aroma. Es gibt auch Züchtungen in den schönsten Pastelltönen, die wunderschöne Farbtupfer in einen Garten zaubern. Ringelblumen eignen sich sehr gut als Randbepflanzung, sehen aber auch in Blumentöpfen großartig aus.

- **Verwendung in der Küche**: Die Blütenblätter wurden früher zum Färben von Butter und Weichkäse verwendet oder um Farbe in Suppen und Reis zu bringen. Die gehackten Blätter werden auch als Salatzutat, die Blüten zum Garnieren von Salaten verwendet.

Die Blüten ähneln den Gänseblümchen. Es gibt sie einfach oder gefüllt.

Die Blätter sind hellgrün und wie ein Löffel geformt.

Kümmel

Carum carvi

Anbau und Vermehrung

Im Spätsommer wird der Samen dünn und gleichmäßig in flache Pflanzrillen gesät, die Reihen stehen 30–38 cm auseinander. Sobald die Sämlinge stark genug sind, werden sie im Abstand von 30 cm ausgedünnt.

● Pflanzenpflege

Im zweiten Jahr wächst der Kümmel sehr stark und entwickelt mittelgrüne, farnähnliche Blätter. Im Hochsommer erscheinen kleine, grüne Blüten in Doldenform, aus denen sich später der Samen bildet. Die Pflanze braucht einen sonnigen Standort, damit der Samen gut reifen kann.

● Ernte

Die gesamte Pflanze wird bis zum Grund abgeschnitten, sobald die Samen reif sind. Die Stängel werden dann zu Bündeln zusammengebunden und mit dem Kopf nach unten zum Trocknen an einen trockenen, kühlen, luftigen Ort gehängt. Legen Sie eine Zeitung auf den Boden, denn sobald die Samen reif sind, fallen sie heraus. Sammeln Sie den Samen dann auf und schütten Sie ihn in einem Sieb hin und her, um den Staub zu entfernen.

Eigenschaften

- Höhe: 60–75 cm
- Ausbreitung: 38–45 cm

- Kümmel ist eine winterharte, zweijährige Pflanze mit aromatischen, fedrigen, farnähnlichen Blättern, die einen anisähnlichen Duft verströmen. Im Hochsommer erscheinen kleine, grüne Blüten in Doldenform, aus denen sich die Samen entwickeln. Die Samen werden im ersten Jahr gesät und entwickeln sich zu Pflanzen. Im folgenden Jahr blüht die Pflanze und produziert dann auch selbst Samen.

- **Verwendung in der Küche:** Der getrocknete Samen wird zum Würzen von Kuchen, Brot und Brötchen, aber auch für Käsegerichte und Salate genutzt. Man gibt ihn auch an Lamm- oder Schweinebraten, Würstchen und Kohlgerichte. Mit dem Samen wird auch klarer Schnaps gewürzt. Aus den Früchten des Kümmels destilliert man Öl, das ebenfalls als Geschmacksverstärker eingesetzt wird.

Die aufrecht wachsenden Stängel tragen grüne Blüten.

Der getrocknete Samen wird zum Würzen von Speisen verwendet.

Die Blätter sind fedrig und mittelgrün.

Koriander

Coriandrum sativum

Anbau und Vermehrung

Die Pflanzen werden jedes Jahr neu gezogen. In der Frühlingsmitte oder im Spätfrühjahr wird der Samen dünn und gleichmäßig in flache Saatrillen gesät, die Reihen stehen in einem Abstand von 30 cm. Die Keimung braucht etwa 2–3 Wochen. Wenn die Pflänzchen stark genug entwickelt sind, werden sie auf einen Abstand von 15 cm ausgedünnt.

● Pflanzenpflege

Koriander wächst auf ganz unterschiedlichen Böden. Fetter und frisch gedüngter Boden sollte allerdings gemieden werden, weil die Pflanze dann zu üppig wird. Die Pflanze bevorzugt einen sonnigen Standort, an dem sie dann schnell wächst und reift.

Koriander blüht im Hochsommer, die Samen reifen im Spätsommer. Die Erde sollte feucht und nicht zu nass gehalten werden.

● Ernte

Im kommerziellen Anbau werden die Samen schon geerntet, wenn zwei Drittel der Samenköpfe gerade vom Grünen ins Graue wechseln. Im privaten Garten kann etwas länger gewartet werden. Die Stängel werden abgeschnitten und die Samenköpfe unter einer Schutzhülle getrocknet. Die Samen werden aus den Fruchtständen gerieben und entweder als ganze Samen oder als Pulver gemahlen eingelagert.

Eigenschaften

- Höhe: 23–75 cm
- Ausbreitung: 15–20 cm

- Koriander ist eine einjährige Pflanze, die aufrecht, aber verzweigt wächst. Sie hat dunkelgrüne, farnähnliche Blätter und im Sommer malvefarbene Blüten, aus denen sich Samen entwickeln, die man zum Würzen verwenden kann.

- **Verwendung in der Küche:** Die würzigen Blätter werden in Suppen, Brühen und Fleischgerichte gemischt. Die Samen geben Curries und Eintöpfen einen ganz charakteristischen Geschmack. Der Samen wird auch für Liköre, in Parfüms, zur Herstellung von Seifen und in Currypulver verwendet. Sowohl der unreife, grüne Samen als auch die Blätter haben einen befremdlichen, unangenehmen Duft, der allerdings durch das süße Aroma der Blüten überdeckt wird. Die reifen Samen sind rötlich braun.

Die Blüten wachsen doldenartig.

Der Samen wird gerne für Liköre verwendet.

Die Blätter sind dunkelgrün.

Fenchel

Foeniculum vulgare

Anbau und Vermehrung

Die Pflanze liebt einen durchlässigen, nicht zu nahrhaften Boden. In der Mitte des Frühlings oder etwas später wird dort der Samen dünn und gleichmäßig in flache Saatrillen ausgesät. Der Reihenabstand beträgt 38–45 cm. Möchten Sie nur die Samen ernten, dann säen Sie ganz früh aus, damit die Samen bereits im Spätherbst reif sind und eingesammelt werden können. Sobald die Keimlinge stark genug sind, werden sie auf einen Abstand von 30–38 cm ausgedünnt.

Man kann im Frühjahr, sobald sich die ersten Triebe zeigen, auch eine Pflanze ausgraben und teilen. Die Ableger werden dann vom Außenrand abgetrennt und einzeln im Abstand von 38–45 cm eingepflanzt.

Pflanzenpflege

Wenn Sie keinen Samen ernten wollen, werden die Blüten abgeknipst. Der Boden sollte relativ feucht und von Unkraut frei gehalten werden.

Ernte

Die Blätter werden den Sommer über frisch gepflückt. Sie sind relativ schwierig zu trocknen, können aber im frischen Zustand gut eingefroren werden (s. S. 136–139)

Wer Samen ernten will, lässt die Blütenköpfe stehen und sammelt sie im Spätherbst, kurz bevor sie reif sind, ein. Sie müssen langsam getrocknet werden. Breiten Sie deshalb die Samen auf einem weißen Papierbogen aus und lassen Sie diese ganz natürlich trocknen. Wenden Sie die Samen täglich. Sobald sich die Samen teilen, werden sie in ein luftdichtes Glas gegeben und in einen kühlen Schrank gestellt.

Die aufrecht wachsenden Stängel tragen Blüten in Doldenform.

Eigenschaften

- Höhe: 1,50–2,10 m
- Ausbreitung: 45–75 cm

- Fenchel ist eine laubabwerfende, winterharte Staude, die ein sehr bestimmendes Erscheinungsbild hat. Sie hat fadendünne, hellgrüne bis blau-grüne Blätter und goldgelbe Blüten in Doldenform, die bis zu 10 cm groß werden können. Der Fenchel blüht im Hoch- und Spätsommer.

- **Verwendung in der Küche:** Die Blätter werden zum Würzen von Fischgerichten, aber auch in Salaten und im Gemüse verwendet. Ihre Samen schmecken stark nach Anis und werden gerne in Kuchen, Brot und Suppen gestreut.

- Wichtiger Hinweis: Ziehen Sie Fenchel und Dill nicht nebeneinander, weil es schwierig ist, die Selbstaussaaten auseinanderzuhalten.

Die Blätter sind filigran und fadendünn.

Der Samen schmeckt anisartig.

Süßholz

Glycyrrhiza glabra

- **Anbau und Vermehrung**

Im Frühjahr werden junge Wurzelausläufer (Rhizome) im Abstand von ca. 30 cm gepflanzt.

Pflanzenpflege

Süßholz wächst auf nährstoffreichem, nicht zu schwerem, durchlässigem Boden besonders schnell und gut und ist dann auch leicht zu ernten. Unkraut sollte regelmäßig gezupft werden. Im ersten Jahr wächst Süßholz nur wenig, aber im zweiten entwickelt es ein prächtiges Laubwerk, das die Unkrautbildung unterdrückt.

Die Stängel werden im Herbst, wenn die ersten Blätter fallen, bis auf den Boden zurückgeschnitten.

Ernte

Wenn Süßholz kommerziell angebaut wird, lässt man die Pflanzen 3–4 Jahre an derselben Stelle stehen. Die Wurzeln und Wurzelstöcke erntet man im Herbst.

Vielseitig verwendbare Wurzeln

Die Wurzeln verströmen nicht nur ein unverwechselbares Aroma. Sie wurden auch für die Herstellung von Brettern für Kisten verwendet.

Die Wurzeln breiten sich schnell aus.

Eigenschaften

- Höhe: 60–90 cm
- Ausbreitung: 60–90 cm

- Süßholz ist eine winterharte, laubabwerfende Pflanze, die sehr tiefe Wurzeln bildet. Sie gehört zur Familie der Schmetterlingsblütler. Ihre Blätter sind dunkelgrün, oval und wachsen parallel und paarweise am Stängel. Die Blüten stehen in ährenähnlichen, aufrechten Blütenständen, sind blassblau oder bläulich lilafarben. Später entwickeln sich daraus Hülsen mit 3–4 Samenkörnern. Die Wurzeln breiten sich intensiv, manchmal über mehrere Meter, aus und können auf leichten Böden bis zu 90 cm tief reichen.

- **Verwendung in der Küche:** Die getrockneten Wurzeln und das Wurzelwerk werden als Geschmacksverstärker eingesetzt, um das Aroma von weniger angenehmen Zutaten zu überdecken. In gepulverter oder flüssiger Form werden sie auch zu Lakritz, alkoholfreien Getränken, Hustensäften und Pastillen verarbeitet.

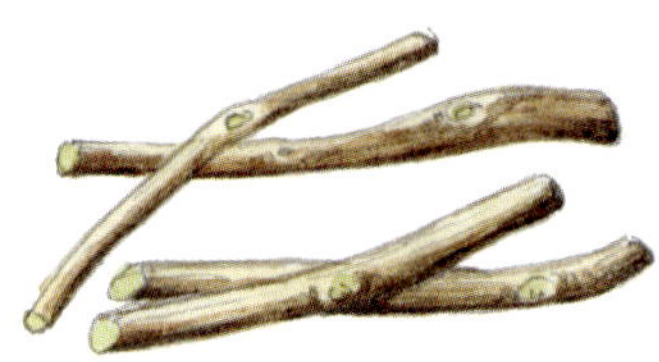

Die Wurzeln und das Wurzelwerk haben ein starkes Aroma.

Ysop

Hyssopus officinalis

• Anbau und Vermehrung

Im Frühjahr wird der Samen dünn und gleichmäßig in 6 mm tiefen Samenrillen ausgesät, die Reihen stehen 30 cm voneinander entfernt. Die Keimung dauert 2–3 Wochen. Sind die Keimlinge stark genug, werden sie auf 15 cm ausgedünnt. Zum Herbstbeginn hebt man die Pflanzen aus und pflanzt sie im Abstand von 30 cm an den ausgewählten Standort.

Sie können Ysop auch durch 6,5–7,5 cm lange Stecklinge vermehren. Diese stecken Sie dann am Ende des Frühjahres in Blumentöpfe, die zu gleichen Teilen mit einer Mischung aus feuchtem Torf und Sand gefüllt sind. Die Töpfe kommen an einen kühlen Ort. Die Stecklinge, die Wurzeln gebildet haben, kommen im Spätsommer oder Frühherbst in den Kräutergarten.

• Pflanzenpflege

Ysop liebt einen leichten, durchlässigen Boden und einen sonnigen oder halbschattigen Standort. Halten Sie die Erde feucht und frei von Unkraut und ersetzen Sie ihn alle 3–4 Jahre durch junge Pflanzen.

• Ernte

Die Blätter können das ganze Jahr über gepflückt werden und schmecken frisch am besten. Sie können auch getrocknet werden. Auch hier sind die ganz jungen am geeignetsten.

Eigenschaften

- Höhe: 45–60 cm
- Ausbreitung: 30–38 cm

- Ysop ist eine winterharte, halbimmergrüne Staude mit einem aufrechten, buschigen Wuchs. Die jungen, aromatischen, dunkelgrünen Blätter schmecken ein wenig wie Minze. Im Hochsommer und im Spätsommer trägt der Ysop Ähren von kleinen purpur-blauen, manchmal auch weißen oder pinkfarbenen, Blüten.

- **Verwendung in der Küche:** Die jungen Blätter, die das ganze Jahr über gepflückt werden können, werden frisch in ganz vielen Speisen verwendet oder im getrockneten Zustand mit anderen Gewürzen zusammen für Füllungen genommen. Die Blätter schmecken vor der Blütezeit am besten. Frische Blätter gibt man auch in Salate, in Suppen oder Füllungen. Bei Gerichten mit öligen Fischen oder fettigem Fleisch sorgen sie im Magen für eine gute Verträglichkeit.

Die Blätter haben ein minzeähnliches Aroma.

verzweigte und buschige Triebe

Lorbeer

Laurus nobilis

• Anbau und Vermehrung

Im Spätsommer und Frühherbst nehmen Sie von den seitlichen Trieben 10 cm lange Stecklinge (halbreife Stecklinge), entfernen die unteren Blätter und schneiden sie mit einem glatten, sauberen Schnitt direkt unter einem Knoten ab. Dann stecken Sie diese in Blumentöpfe, die zu gleichen Teilen mit einer Mischung aus feuchtem Torf und Sand gefüllt sind. Die Töpfe kommen dann an einen kühlen Ort.

Die Stecklinge, die Wurzeln getrieben haben, werden in individuelle Töpfe mit lehmhaltiger Erde umgepflanzt, an einem kühlen Ort überwintert und ca. 2 Jahre später in einen großen Blumentopf oder in den Garten gepflanzt.

• Pflanzenpflege

Lorbeer liebt durchlässigen, aber feuchtigkeitshaltenden Boden und einen sonnigen Standort. Er braucht in strengen Wintern Schutz vor kaltem Wind, weil sonst die Blätter und Triebe Schaden nehmen können. Wenn der Lorbeer als Halb- oder Hochstamm in einem großen Kübel oder im Beet wächst, sollte er in den Sommermonaten mehrmals zurückgeschnitten werden. Die Stämme dieser Pflanzen müssen gut abgestützt werden.

• Ernte

Die Blätter können je nach Bedarf geerntet werden. Junge und frisch gepflückte Blätter sind leicht bitter, werden aber immer süßer, je länger sie trocknen.

Getrocknete Lorbeerblätter sollten an einem dunklen Ort aufbewahrt werden, damit sie lange ihre satte Farbe behalten.

Eigenschaften

- Höhe: 1,80–3,60 m
- Ausbreitung: 1,80–3,60 m

- Der Lorbeer ist ein winterharter, immergrüner Strauch oder Baum mit aromatischen, glänzenden, mittel- bis dunkelgrünen Blättern. Als Baum kann er sich bis zu der oben angegebenen Höhe ausstrecken. Meistens wird er allerdings als halb- oder hochstämmige Pflanze im Kräutergarten oder in einem großen Topf gehalten. Oft ist er auch das Mittelstück eines Kräutergartens in Radform.

- **Verwendung in der Küche:** Die aromatischen Blätter werden vielfältig eingesetzt, z. B. bei Fischgerichten, Reisgerichten und Eintöpfen. Lorbeer ist auch ein Hauptbestandteil eines *bouquet garni*. Die Blätter können gut getrocknet werden. Das sollte allerdings sehr langsam geschehen, weil sonst die Farbe zu schnell verblasst.

Mit den Blättern würzt man viele Speisen.

Liebstöckel

Levisticum officinale

Anbau und Vermehrung

Am einfachsten kann man Liebstöckel vermehren, wenn die Pflanze im Herbst oder Frühjahr ausgegraben und geteilt wird. Die Stücke werden vom Außenrand der Pflanze abgetrennt und neu eingepflanzt.

Alternativ dazu können im Frühjahr auch Samen in flachen Saatrillen ausgesät werden. Sobald die Sämlinge stark genug sind, werden sie bis auf einen Abstand von 30 cm ausgedünnt. Im Herbst kommen sie an ihren endgültigen Standort und stehen dort in einem Abstand von 90 cm.

Pflanzenpflege

Liebstöckel benötigt nährstoffreichen, feuchtigkeitshaltenden, aber durchlässigen Boden und einen sonnigen Standort. Halten Sie die Erde frei von Unkraut.

Ernte

Pflücken Sie die Blätter im zeitigen Frühling und Sommer. Verwenden Sie die Blätter sofort.
Sie können die Blätter aber auch trocknen oder einfrieren.

Eigenschaften

- Höhe: 90 cm–1,20 m
- Ausbreitung: 60–75 cm

- Liebstöckel kannte man früher als *Ligusticum levisticum*. Er ist eine hohe, winterharte Staude mit großen, fächerartig geschnittenen, mittelgrünen, petersilieähnlichen Blättern und gelblichen bis blassgrünen Blüten, die als Dolden stehen. Die Blätter haben ein starkes Aroma, das ein wenig an Hefe und Sellerie erinnert.

- **Verwendung in der Küche:** Die Stängel werden manchmal blanchiert wie Sellerie zubereitet. Junge Stängel werden auch gerne, wie die des Engelwurzes, kandiert. Die Blätter werden klein gehackt zum Würzen von Suppen, Eintöpfen und Brühen verwendet, junge Blätter werden Salaten beigefügt. Die Samen sind sehr aromatisch und in Gemüsegerichten und Backwaren zu finden.

Die hohen Stängel tragen gelbliche bis blassgrüne Blüten.

Die Blätter sind mittelgrün und fächerartig geschlitzt.

Die Samen sind sehr aromatisch.

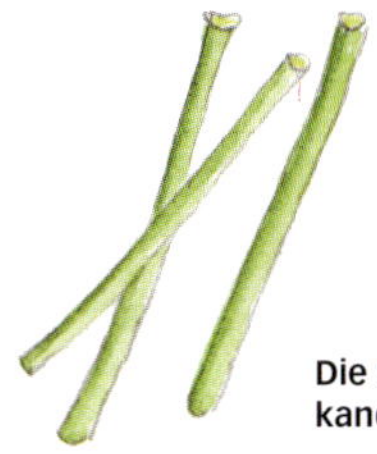

Die Stängel können kandiert werden.

Melisse

Melissa officinalis

Anbau und Vermehrung

Graben Sie die Pflanzen aus und teilen Sie diese im Frühjahr oder Herbst. Die Ableger, die man von den äußeren Bereichen abteilt, werden wieder eingepflanzt, alte und holzige Innenstücke werden entsorgt.

Pflanzenpflege

Normalerweise sind die Pflanzen sehr gesund. Wachsen sie jedoch an schattigen Stellen, sind sie ein Festschmaus für Schnecken. Die Pflanzen sterben im Herbst oberirdisch ab und sprießen im nächsten Frühling wieder neu. Im Herbst oder Winter können Sie die alten Stängel dann entfernen.

Das Blattwachstum kann angeregt werden, indem man im Frühsommer alle Stängel auf eine Höhe von 15 cm zurückschneidet.

Ernte

Sie können, je nach Bedarf, den ganzen Sommer über junge, frische Blätter pflücken. Die Blätter können auch getrocknet werden, sollten dann aber vor der Blüte gepflückt werden.

Wichtiger Hinweis

Melissa officinalis sollte man nicht mit *Monarda didyma* (Indianernessel) verwechseln, die oft in Stauden- und gemischten Beeten wächst. Sie ist auf Seite 94 abgebildet.

Eigenschaften

- Höhe: 60–75 cm
- Ausbreitung: 30–45 cm

- Die Melisse ist eine winterharte, laubabwerfende Staude, die gerne sowohl in Staudenbeeten als auch in Kräutergärten angepflanzt wird. Ihre Blätter duften wie Zitronen, sie sind nesselartig, gekräuselt, am Rand gezahnt und blassgrün. Im Sommer trägt die Melisse kleine, weiße, rohrförmige Blüten. *Melissa officinalis „Aurea"* (Goldene Zitronenmelisse) hat sehr dekorative gold-grüne (panaschierte) Blätter, die oft zum Würzen von kalten Getränken genommen werden.

- **Verwendung in der Küche:** Vom Frühling an bis zum Herbst können die jungen, frischen Blätter zum Würzen von kalten Getränken und Fruchtsalaten verwendet werden. Die Blätter können gut getrocknet werden (s. S. 136–139).

Die Melisse hat attraktive, nesselähnliche Blätter.

Die Blüten sind weiß und röhrenförmig.

Der Duft der Blätter erinnert an Zitronen.

Grüne Minze

Mentha spicata

• Anbau und Vermehrung

So gehen Sie am besten vor: Größere und ältere Pflanzen im zeitigen Frühjahr ausgraben und teilen. Anschließend die jüngeren Pflanzenstücke vom äußeren Rand der Mutterpflanze in einem Abstand von etwa 20 cm wieder einpflanzen.

Alternativ dazu kann man auch im späten Frühling Wurzelableger von etwa 7,5–10 cm Länge entnehmen. Man befüllt Töpfe mit einem Substrat aus feuchtem Torf und Sand zu gleichen Teilen und setzt die Wurzelableger dann ein.

Stellen Sie die Töpfe nun an einen kalten Ort wie z. B. in einen Treibkasten oder ein unbeheiztes Gewächshaus. Wenn die Pflanzenstücke bewurzelt sind, können Sie diese in den Kräutergarten oder in einen Kübel auspflanzen.

• Pflanzenpflege

Alle Minzen bevorzugen einen fruchtbaren, lehmig humosen Boden und gedeihen am besten im lichten Schatten an einem warmen, geschützten Standort. Jeden Winter sterben die Triebe ab. Entfernen Sie diese im späten Winter oder zeitigen Frühjahr.

• Ernte

Sammeln und verwenden Sie die Blätter, solange sie jung und frisch sind. Man kann Minze aber auch trocknen (s. S. 136–139).

Eigenschaften

- Höhe: 45–60 cm
- Ausbreitung: stark wuchernd

- Diese mehrjährige Staude, auch bekannt als *Mentha viridis*, hat Blätter mit dem charakteristischen Minzaroma. Die Blätter sind mittelgrün und haben eine deutlich hervorstehende Äderung. Von Mitte des Sommers bis in den frühen Herbst blüht die Pflanze in dichten violetten Quirlen am Ende der Stängel.

- **Verwendung in der Küche:** Die Blätter haben einen minzigen Geschmack und werden häufig für Minzsoße verwendet. Die Blätter dienen auch der Herstellung von erfrischenden Tees. Kleinere ganze Zweige können sowohl in kalte Getränke gegeben als auch zu Gemüse gegessen werden. Insbesondere Kartoffeln und Bohnen können Sie so verfeinern.

Apfelminze

Mentha suaveolens

• Anbau und Vermehrung

So gehen Sie am besten vor: Größere und ältere Pflanzen zeitig im Frühjahr ausgraben und teilen. Anschließend die jüngeren Pflanzenstücke vom äußeren Rand der Mutterpflanze in einem Abstand von etwa 20 cm wieder einpflanzen. Oder auch im späten Frühling Wurzelableger von etwa 7,5–10 cm Länge entnehmen. Man befüllt Töpfe mit einem Substrat aus feuchtem Torf und Sand zu gleichen Teilen und setzt die Wurzelableger dann ein.

Stellen Sie die Töpfe nun an einen kalten Ort wie z. B. auf eine Fensterbank oder in ein unbeheiztes Gewächshaus. Wenn die Pflanzenstücke bewurzelt sind, können Sie diese in den Kräutergarten oder in einen Kübel auspflanzen.

• Pflanzenpflege

Alle Minzen bevorzugen einen fruchtbaren, lehmig humosen Boden und gedeihen am besten im lichten Schatten an einem warmen, geschützten Standort. Jeden Winter sterben die Triebe ab. Entfernen Sie diese im späten Winter oder zeitigen Frühjahr. Da diese Pflanze sehr schnell wächst, ist es ratsam, sie in einen Kübel zu pflanzen. Wollen Sie die Minze gerne im Beet haben, dann beachten Sie folgenden Tipp: Einen Topf, Durchmesser ca. 15–20 cm, nehmen, Topfboden entfernen und ebenerdig im Beet eingraben. Jetzt können Sie die Pflanze hier einsetzen.

• Ernte

Sammeln und verwenden Sie die Blätter, solange sie jung und frisch sind. Man kann Minze aber auch trocknen (s. S. 136–139).

Eigenschaften

- Höhe: 45–60 cm
- Ausbreitung: stark wuchernd

- Diese mehrjährige Staude, auch bekannt als *Mentha rotundifolia*, hat runde, fast eiförmige Blätter mit einem apfelartigen Duft und Geschmack. Die Blätter sind blassgrün und umgeben von weißen Härchen. Von Mitte des Sommers bis in den frühen Herbst hinein blüht die Pflanze in blassvioletten, dichten Quirlen am Ende der Stängel.

- **Verwendung in der Küche:** Die Blätter mit ihrem apfel-minzartigen Geschmack werden für Minzsoße verwendet, die mit dieser Minze sogar noch besser schmecken soll als mit der gewöhnlichen grünen Minze (*Mentha spicata*). Sie können aus den Blättern natürlich auch Tee machen und einzelne Zweige für kalte Erfrischungsgetränke und zum Würzen von Gemüse verwenden.

blüht in dichten Quirlen

Die Blätter haben ein apfelähnliches Aroma.

Ananasminze

Mentha suaveolens „Variegata"

Anbau und Vermehrung

So gehen Sie am besten vor: Größere und ältere Pflanzen im zeitigen Frühjahr ausgraben und teilen. Anschließend die jüngeren Pflanzenstücke vom äußeren Rand der Mutterpflanze in einem Abstand von etwa 20 cm wieder einpflanzen.

Alternativ dazu kann man auch im späten Frühling Wurzelableger von etwa 7,5–10 cm Länge entnehmen. Man befüllt Töpfe mit einem Substrat aus feuchtem Torf und Sand zu gleichen Teilen und setzt die Wurzelableger hinein.

Stellen Sie die Töpfe nun an einen kalten Ort wie z. B. in einen Treibkasten oder ein unbeheiztes Gewächshaus. Wenn die Pflanzenstücke bewurzelt sind, können Sie diese in den Kräutergarten oder in einen Kübel auspflanzen.

Pflanzenpflege

Alle Minzen bevorzugen einen fruchtbaren, lehmig humosen Boden und gedeihen am besten im lichten Schatten an einem warmen, geschützten Standort.

Jeden Winter sterben die Triebe ab. Entfernen Sie diese im späten Winter oder zeitigen Frühjahr.

Ernte

Sammeln und verwenden Sie die Blätter, solange sie jung und frisch sind. Man kann Minze aber auch trocknen (s. S. 136–139).

Noch mehr Minze

Im Handel sind durchaus noch weitere Arten von Minze erhältlich, die ebenfalls besondere und ungewöhnliche Aromen haben, wie zum Beispiel:

- *Mentha x gracilis*: Früher unter dem Namen *Mentha x gentilis* bzw. im Allgemeinen unter Ingwerminze bekannt. Sie hat rötlich violette Stängel und leuchtend grüne Blätter mit einer gelben Randfärbung. Zerreiben Sie diese Blätter, verbreiten diese einen ingwerähnlichen Duft.

- *Mentha requienii*: Bekannt als Pfefferminze. Sie bildet kleine Pflanzenteppiche und hat blassgrüne Blätter, die bei Beschädigung nach Pfefferminz riechen. Gelegentlich kennt man diese Minze auch unter dem Namen *Korsische* oder *Spanische Minze*.

Eigenschaften

- Höhe: 30–45 cm
- Ausbreitung: stark wuchernd

- Diese mehrjährige Staude, auch bekannt als *Mentha rotundifolia „Variegata"*, ist ein naher Verwandter der Apfelminze. Sie hat jedoch cremeweiß geränderte Blätter, die ein Ananasaroma verströmen. Sie wächst außerdem langsamer und hat einen leicht bodendeckenden Charakter.

- **Verwendung in der Küche:** Die Blätter haben einen leichten Ananasgeschmack und werden hauptsächlich Getränken zugegeben.

cremeweiß gefärbte Blattränder

Blätter mit Ananasaroma

Indianernessel

Monarda didyma

Anbau und Vermehrung

Die einfachste Art der Vermehrung dieser Beetstaude ist das Ausgraben und Teilen von älteren und größeren Pflanzen, und zwar im Herbst oder Frühjahr. Anschließend pflanzen Sie die jüngeren Pflanzenstücke vom äußeren Rand der Mutterpflanze wieder ein und entsorgen die alten inneren Pflanzenreste.

Sie können die Pflanze auch durch Aussaat vermehren. Ziehen Sie die Sämlinge in einem mäßig warmen Gewächshaus im Frühjahr vor. Wenn sich die Pflänzchen umpflanzen lassen, setzen Sie diese mit größerem Abstand in Saatschalen. Später können die Pflanzen in einen Frühbeetkasten im Abstand von ca. 23 cm verpflanzt werden. Der Herbst ist die richtige Zeit, um die Pflanzen an ihren eigentlichen Platz ins Beet oder an die Beetgrenze zu setzen.

Pflanzenpflege

Die Indianernessel bevorzugt einen fruchtbaren, lehmig humosen Boden und braucht einen vollsonnigen bis leicht schattigen Standort. Mulchen Sie die Erde ab. So bleibt der Boden kühl und feucht und Sie verhindern gleichzeitig, dass zu viel Unkraut wächst. Halten Sie die Erde unkrautfrei.

Ernte

Pflücken Sie die jungen Blätter kurz vor der Blüte. Sie können die Blätter sowohl frisch als auch getrocknet verwenden (s. S. 136–139).

Eigenschaften

- Höhe: 60–90 cm
- Ausbreitung: 38–45 cm

- Sie ist eine winterharte Staude. Ihre Blätter sind mittelgrün, oval bis lanzettförmig geformt, behaart und duften nach Melisse. Sie bildet Blüten in scharlachroten Quirlen von Juni bis September.

- **Verwendung in der Küche:** Geben Sie die frisch gesammelten Blätter zu sommerlichen Getränken und Salaten oder einfach in ein Potpourri. Die Blätter eignen sich auch gut zum Würzen von Schweinefleischgerichten, während Sie die Blüten wunderbar im Salat verwenden können.

Süßdolde

Myrrhis odorata

• Anbau und Vermehrung

Die Pflanzen säen sich bereitwillig selbst aus. Sie können die Samen aber auch im späten Frühjahr oberflächlich in Rillen säen, dort wo die Pflanzen wachsen sollen. Wenn die Sämlinge groß genug zum Weiterverarbeiten sind, dünnen Sie die Reihen aus. Dann sollte nur noch alle 60 cm ein Pflänzchen stehen.

• Pflanzenpflege

Die Süßdolde bevorzugt einen fruchtbaren, lehmig humosen Boden und braucht einen vollsonnigen bis leicht schattigen Standort. Sorgen Sie dafür, dass die Erde mäßig feucht und unkrautfrei ist.

• Ernte

Sammeln Sie die Blätter im Frühling und zeitigen Sommer, um diese frisch zu verwenden. Die Blätter können auch getrocknet werden (s. S. 136–139). Die Samen können Sie im Sommer sammeln und trocknen oder einlegen.

Warten Sie mit dem Ausgraben der Wurzel bis zum Spätsommer oder Herbst, dann können Sie diese als Gemüse verwenden.

Eigenschaften

- Höhe: 60–100 cm
- Ausbreitung: 60–75 cm

- Die Süßdolde ist eine winterharte, aufrecht wachsende Staude. Die farnähnlichen Blätter sind hellgrün und duften nach Anis. Ab dem Frühsommer bildet die Pflanze weiße, fallschirmartige Blüten, die bis zu 5 cm groß werden. Die späteren Samenkörner dienen dem Würzen von Speisen.

- **Verwendung in der Küche:** Die nach Anis duftenden Blätter können Sie in Fruchtgerichten oder Salaten einsetzen. Man sagt ihnen nach, dass sie den Säuregehalt der Früchte reduzieren. Auch die Samen passen gut zu Fruchtgerichten. Die dicke Pfahlwurzel wird allerdings als rohes oder gekochtes Gemüse gegessen.

Die Pfahlwurzel wird manchmal als Gemüse gegessen.

Samen zum Verfeinern von Fruchtspeisen

aromatische, farnähnliche Blätter

Basilikum

Ocimum basilicum

Anbau und Vermehrung

So gehen Sie am besten vor: Zeitig im Frühling die Samen dünn und gleichmäßig in Töpfe oder Anzuchtschalen aussäen. Stellen Sie diese in ein Gewächshaus mit einer Temperatur von 13° C. Verwenden Sie gut durchlässige Anzuchterde.

Wenn die Sämlinge groß genug zum Weiterverarbeiten sind, verpflanzen Sie diese mit einem größeren Abstand in flache Saatschalen.

Gewöhnen Sie die Pflanzen langsam an niedrigere Temperaturen und pflanzen Sie diese erst im späten Frühjahr oder frühen Sommer in den Kräutergarten mit einem Abstand von etwa 30–38 cm.

Da Basilikum es gar nicht mag, wenn es gestört wird, können Sie es auch direkt an Ort und Stelle in Ihrem Kräutergarten aussäen, allerdings erst im späten Frühling. Legen Sie die Samen etwa 6 mm tief in vorgezogene Reihen. Wenn die Pflänzchen eine gewisse Größe erreicht haben, verziehen Sie die Reihen, sodass ein Abstand von Pflanze zu Pflanze von etwa 30–38 cm entsteht.

• Pflanzenpflege

Pflanzen Sie Basilikum in lockere, humusreiche Erde und geben Sie ihm einen sonnigen, warmen und geschützten Platz. Sorgen Sie ebenfalls für ausreichend Feuchtigkeit. Knipsen Sie regelmäßig die Blüten aus, dann kann das Basilikum mehr Blattmasse entwickeln.

• Ernte

Pflücken Sie die Blätter nach Bedarf frisch. Die Blätter können auch getrocknet und eingefroren werden (s. S. 136–139).

Eigenschaften

- Höhe: 60–90 cm
- Ausbreitung: 38–45 cm

- Basilikum ist eine winterharte Staude. Seine Blätter sind mittelgrün, oval bis lanzettförmig ausgebildet, behaart und duften nach Melisse. Es bildet Blüten in scharlachroten Quirlen von Juni bis September.

- **Verwendung in der Küche:** Geben Sie die frisch gesammelten Blätter zu sommerlichen Getränken und Salaten oder einfach in ein Potpourri. Die Blätter eignen sich auch gut zum Würzen von Schweinefleischgerichten, während Sie die Blüten wunderbar im Salat verwenden können.

Majoran

Origanum majorana

Anbau und Vermehrung

So gehen Sie am besten vor: Im späten Winter oder im zeitigen Frühling die Samen dünn und gleichmäßig in Töpfe oder Anzuchtschalen aussäen – nicht tiefer als 3 mm. Sorgen Sie für eine Temperatur von ca. 10–15° C und gehen Sie damit nach der Keimung langsam herunter.

Verpflanzen Sie die jungen Pflanzen mit einem größeren Abstand erneut in Saatschalen oder Töpfe. Härten Sie die Pflanzen schrittweise ab, bis Sie diese dann später in den Kräutergarten auspflanzen können.

Sie können sich das Vorziehen auch sparen und die Samen direkt an Ort und Stelle aussäen. Im späten Frühling oder zeitigen Sommer legen Sie die Samen in Reihen mit einem Abstand von etwa 23–30 cm und bedecken diese nur dünn mit Erde. Später dünnen Sie die Reihen aus, bis die Pflänzchen einen Abstand von etwa 23–30 cm haben.

• Pflanzenpflege

Pflanzen Sie Majoran in lockere, humusreiche Erde und geben Sie ihm unbedingt einen sonnigen, warmen und geschützten Platz. Die Pflanzen können den Winter in milden Gebieten überstehen. Am besten ist es aber, wenn Sie die Pflanzen im Herbst entnehmen und im kommenden Jahr neue Pflanzen ziehen.

• Ernte

Pflücken Sie die Blätter und Stängel nach Bedarf frisch, aber noch bevor der Majoran anfängt zu blühen. Sie können diese natürlich frisch verwenden, aber auch trocknen oder einfrieren (s. S. 136–139).

Eigenschaften

- Höhe: 45–60 cm, manchmal niedriger
- Ausbreitung: 30–45 cm, manchmal weniger

- Majoran ist eine leicht empfindliche Staude mit einem buschigen, struppigen Wuchs. In gemäßigtem Klima gilt er eigentlich immer als winterhart bzw. ziemlich winterhart. Die leuchtend grünen Blätter ballen sich regelrecht um die roten, vierkantigen Stängel. Die kleinen, röhrenförmigen Blüten erscheinen den ganzen Sommer über in kleinen Bällen. Es gibt sie in weiß, rosa oder pink. Die Blätter erscheinen an knotenähnlichen Verbindungsstellen.

- **Verwendung in der Küche:** Die jungen Triebe und Blätter können Sie sowohl zum Würzen von Fleisch oder Geflügel verwenden als auch für Füllungen, Omeletts oder Salate. Sie können sie frisch oder getrocknet verwenden, wobei sie ihr Aroma im getrockneten Zustand noch verstärken. Gelegentlich findet man Majoran auch in Potpourris. Traditionell wird er aber im *bouquet garni* eingesetzt.

leuchtend grüne Blätter an den leicht verzweigten Stängeln

Die Blätter werden frisch oder getrocknet zum Würzen von Speisen verwendet.

Französischer Majoran

Origanum onites

● Anbau und Vermehrung

So gehen Sie am besten vor: Im späten Winter oder im zeitigen Frühling die Samen dünn und gleichmäßig in Töpfe oder Anzuchtschalen aussäen – nicht tiefer als 3 mm. Sorgen Sie für eine Temperatur von ca. 10–15° C und gehen Sie damit nach der Keimung langsam herunter.

Verpflanzen Sie die jungen Pflanzen mit einem größeren Abstand erneut in Saatschalen oder Töpfe. Härten Sie die Pflanzen schrittweise ab, bis Sie diese dann später in den Kräutergarten auspflanzen können.

Sie können sich das Vorziehen auch sparen und die Samen direkt an Ort und Stelle aussäen. Im späten Frühling oder zeitigen Sommer legen Sie die Samen in Reihen mit einem Abstand von etwa 23–30 cm und bedecken diese nur dünn mit Erde. Später dünnen Sie die Reihen aus, bis die Pflänzchen einen Abstand von etwa 23–30 cm haben.

● Pflanzenpflege

Pflanzen Sie Majoran in lockere, durchlässige und humusreiche Erde, sorgen Sie für gleichmäßige Feuchtigkeit und halten Sie die Erde frei von Unkraut.

● Ernte

Pflücken Sie die Blätter und Stängel nach Bedarf frisch, aber noch bevor der Majoran anfängt zu blühen. Sie können diese natürlich frisch verwenden, aber auch trocknen oder einfrieren (s. S. 136–139).

Eigenschaften

- Höhe: 30 cm
- Ausbreitung: 30 cm

- Französischer Majoran ist eine winterharte Staude mit einem niedrigen, buschigen und kriechenden Wuchs. Er gilt als winterharte bzw. ziemlich winterharte Staude mit leuchtend grünen, aromatischen Blättern. Man kann ihn leicht von *Origanum majorana* unterscheiden, da er stärker verzweigt ist und ein leicht rötlicher Hauch die ganze Pflanze überzieht. Er blüht etwas später als der *Origanum majorana* und in lila.

- **Verwendung in der Küche:** Die jungen Triebe und Blätter können Sie sowohl zum Würzen von Fleisch oder Geflügel verwenden als auch für Füllungen, Omeletts oder Salate. Sie können sie frisch oder getrocknet verwenden. Beliebt ist dieses Kraut auch zum Würzen von Kalbfleisch.

Verzweigte Triebe tragen aromatische Blätter und lilafarbene Blüten.

Die Blätter dienen zum Würzen vieler Gerichte.

Petersilie

Petroselinum crispum

Anbau und Vermehrung

Petersilie zählt zu den zweijährigen Kräutern und kann direkt an Ort und Stelle ausgesät werden. Sie können damit schon im zeitigen Frühjahr beginnen bis in den Sommer hinein. Bereiten Sie ein Saatbett und säen sie die Petersiliensamen dünn und gleichmäßig etwa 6 mm tief. Da Petersilie sehr langsam keimt, können Sie hier nachhelfen, indem Sie die Saat vor dem Aussäen mit heißem Wasser begießen. Zu Anfang dünnen Sie die Sämlinge so aus, dass ein Abstand zwischen den Pflanzen von etwa 7,5 cm entsteht. Erhöhen Sie den Abstand später auf etwa 23 cm.

Die Aussaat in Töpfen ist eine andere Möglichkeit, neue Pflanzen zu ziehen. Verwenden Sie lehmig humosen Boden und verteilen Sie die Samenkörner in den Töpfen. Bedecken Sie die Saat nur leicht und gießen Sie mit Vorsicht. Dann stellen Sie die Töpfe an einen sonnigen Platz auf der Fensterbank.

Pflanzenpflege

Petersilie braucht einen halbschattigen Platz und einen humusreichen, nahrhaften und durchlässigen Boden. Halten Sie die Erde mäßig feucht und entfernen Sie die blühenden Stängel. Im Spätsommer schneiden Sie die Pflanzen herunter und wässern diese gründlich, so können sie wieder neu austreiben. Bedecken Sie die Pflanzen mit Glasglocken.

Ernte

Ernten Sie die Blätter, wenn sie jung sind. Das fördert auch die Entwicklung neuer Triebe. Die Blätter können auch getrocknet oder eingefroren werden (s. S. 136–139).

Eigenschaften

- Höhe: 30–60 cm
- Ausbreitung: 23–38 cm

- Winterharte zweijährige Staude, die immer als einjährige gezogen wird. Petersilie ist ein sehr bekanntes und weit verbreitetes Küchenkraut, das leuchtend grüne, tief eingeschnittene, krause Blätter hat, die dicht aneinander sitzen. Lässt man die Petersilie auswachsen, so entwickeln sich grünlich-gelbe Blüten, die man aber am besten so schnell wie möglich entfernen sollte.

- **Verwendung in der Küche:** Die Blätter werden häufig in Soßen und Salatdressing verwendet. Sie können damit auch Sandwiches garnieren. Petersilie ist ein wesentlicher Bestandteil des *bouquet garni*.

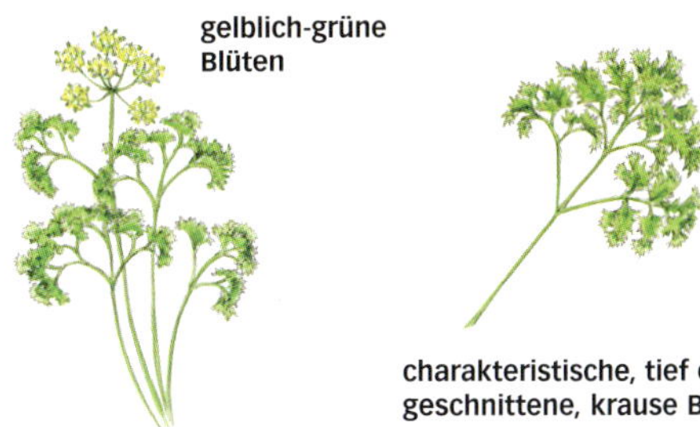

gelblich-grüne Blüten

charakteristische, tief eingeschnittene, krause Blätter

Die Blätter werden für Soßen oder zum Garnieren verwendet.

Anis

Pimpinella anisum

- **Anbau und Vermehrung**

In der Frühjahrsmitte säen Sie die Samen etwa 6 mm tief in einem Abstand von 38 cm in Reihen. Es dauert bis zu 3 Wochen, ehe die Saat keimt. Wenn die Sämlinge groß genug sind, dass Sie diese ausdünnen können, setzen Sie die jungen Pflänzchen in einem Abstand von 30 cm.

- **Pflanzenpflege**

Geben Sie dem Anis einen geschützten und vollsonnigen Platz. Er liebt einen durchlässigen, leicht humosen Boden.

- **Ernte**

Diese Pflanze blüht von Mitte bis Ende des Sommers und nach einem warmen Sommer platzen im Herbst die Samen heraus. Schneiden Sie die Pflanzen zurück und klopfen Sie die Samen heraus. Trocknen Sie diese auf Tabletts draußen in der Sonne oder drinnen an einem warmen Ort mit einem leichten Windzug.

Wenn die Samen trocken sind, haben sie eine grau-braune Farbe und schmecken süß und würzig. Jetzt haben sie einen angenehmen Duft.

Eigenschaften

- Höhe: 38–45 cm
- Ausbreitung: 38–45 cm

- Einjährige Staude mit einer zierlichen Erscheinung. Ihre Blätter sind strahlend grün, fein geschlitzt und federartig mit gezahnten Rändern. Während des Sommers bilden sich weiße, fallschirmartige Blütendolden. In kühleren Regionen ist es eher unwahrscheinlich, dass die Samen herausplatzen. Aber im Zuge der globalen Erwärmung ist die Anzucht aus Samen dann vielleicht auch bei uns möglich.

- **Verwendung in der Küche:** Die aromatischen, kleinen, harten, grau-braunen Samen werden schon lange zum Würzen von Kuchen, Süßem, Getränken und Suppen verwendet. Anissamen sind sowohl ein zentraler Bestandteil des Likörs „Anisette" als auch eine Zutat bei Hustenmixturen und Bonbons.

Samen mit starkem Aroma

doldenförmige Blütenstände

fein geschlitzte, hellgrüne Blätter

Rosmarin

Rosmarinus officinalis

Anbau und Vermehrung

Für den Anfang können Sie vorgezogene Pflanzen aus der Gärtnerei oder dem Gartencenter kaufen. Nach 3–4 Jahren verkahlen die Triebe von unten und es wird Zeit, die Pflanze zu ersetzen. Mitte des Sommers entnehmen Sie etwa 7,5–10 cm lange Stecklinge und setzen diese in Töpfe mit einem Substrat aus feuchtem Torf und Sand zu gleichen Teilen. Stellen Sie die Töpfe in einen kühlen Frühbeetkasten, bis die Stecklinge Wurzeln gebildet haben. Jetzt sollte jedes Pflänzchen seinen eigenen Topf erhalten und in einem kühlen Frühbeetkasten überwintern. Im späten Frühling können die Pflanzen ins Beet oder in den Kräutergarten ausgepflanzt werden.

Pflanzenpflege

Diese Pflanze braucht nur wenig Aufmerksamkeit. Sie müssen nur das Abgestorbene im zeitigen Frühjahr herausschneiden und ausladende Triebe kürzen. Wenn die Pflanze einmal auswächst, kann sie auch Mitte bis Ende des Frühlings um die Hälfte zurückgeschnitten werden.

Ernte

Die Blätter verwendet man frisch oder getrocknet. Wenn Sie die Blätter frisch einsetzen wollen, dann pflücken Sie nur so viele, wie Sie brauchen. Zum Trocknen der Blätter schneiden Sie ganze Stängel ab und hängen diese an einem trockenen und kühlen Ort auf. Leider verlieren die Blätter in getrocknetem Zustand an Aroma.

Eigenschaften

- Höhe: 38–45 cm
- Ausbreitung: 38–45 cm

- Immergrüner Strauch, der in kälteren Regionen leicht empfindlich ist, mit schmalen, aromatischen mittel- bis dunkelgrünen Blättern. Er blüht blassblau, hauptsächlich ab Mitte des Frühlings, aber manchmal bildet er auch noch im Sommer oder frühen Winter einige Blüten. Rosmarin kann sowohl im Beet als auch im großen Kräutergarten gepflanzt werden. Er eignet sich sogar für eine lockere Hecke.

- **Verwendung in der Küche:** Die Blätter verwenden Sie frisch oder getrocknet, um Fleischgerichte mit Schwein, Lamm oder Kalb zu verfeinern. Rosmarin passt aber auch gut zu Geflügel, Eierspeisen und Fisch. Sie können ihn ebenfalls bei Soßen und Füllungen einsetzen. Setzen Sie ihn nicht zu großzügig ein, da sein Aroma sonst den natürlichen Geschmack der Gerichte komplett überdeckt.

blassblaue Lippenblüten entlang der Stängel

Die Blätter werden zum Würzen vieler Gerichte verwendet.

Sauerampfer

Rumex scutatus

Eigenschaften

- Höhe: 30–45 cm
- Ausbreitung: 20–25 cm

- Schlanke, halb aufrechte Staude mit leichtem, bodendeckendem Wuchs. Sie hat mittel- bis grau-grüne Blätter mit einer fast dreieckigen Form und säuerlichem Geschmack, die oft dicht beieinandersitzen. Der Sauerampfer bildet grüne bis rötliche Blüten aus.

- **Verwendung in der Küche:** Die jungen Blätter haben einen limonenähnlichen Geschmack und werden gerne in Sandwiches, Salaten und Suppen verwendet. Die älteren Blätter können Sie wie Spinat schneiden und kochen. Man kann Sauerampfer aber auch einem Püree zugeben und dann zu Fisch- oder reichhaltigen Fleischgerichten servieren. In Frankreich wird er natürlich für die Sauerampfersuppe, aber auch für Soßen und Eiergerichte verwendet.

Anbau und Vermehrung

Graben Sie vorhandene ältere Pflanzen aus und teilen Sie diese im Frühjahr oder im Spätsommer. Pflanzen Sie die neuen Teilpflanzen im Abstand von 20 cm in Reihen. Die Reihen sollten etwa 30 cm auseinanderliegen.

Sie können auch neue Pflanzen aus Samen ziehen. Dazu säen Sie die Samen Mitte des Sommers in ein Freiland-Saatbeet etwa 6 mm tief mit einem Abstand von 30 mm in den Saatrillen. Dünnen Sie die Sämlinge anfangs auf einen Abstand von 7,5 cm, später auf 23 cm aus.

Pflanzenpflege

Halten Sie die Pflanzung frei von Unkraut und knipsen Sie regelmäßig die Blüten aus, damit das Blattwachstum angeregt wird.

Ernte

Schneiden Sie die Blätter frisch und nach Bedarf ab. Sie können aber auch getrocknet oder in Gefrierbeuteln eingefroren werden (s. S. 136–139).

Weinraute

Ruta graveolens

Anbau und Vermehrung

Neue Pflanzen erhalten Sie sowohl durch Aussaat als auch durch Stecklingsvermehrung. Säen Sie die Samenkörner während des Frühlings im Freiland in Saatrillen aus, etwa 3–6 mm tief. Dünnen Sie die Sämlinge auf einen Abstand von 23–30 cm aus. Später können Sie die neuen Pflanzen in den Kräutergarten oder in ein gemischtes Beet umsetzen, aber immer mit einem Abstand von 45 cm.

Alternativ dazu können Sie auch zur Sommermitte hin etwa 7,5–10 cm lange Stecklinge von den Seitentrieben schneiden. Setzen Sie diese dann in Töpfe mit einem Gemisch aus feuchtem Torf und Sand im Verhältnis 1 : 1 und stellen Sie die Töpfe in ein kühles Gewächshaus. Haben die Stecklinge Wurzeln gebildet, erhält jeder einen eigenen Topf und wird zur Überwinterung in einen Frühbeetkasten gebracht.

Pflanzenpflege

Die Pflanzen brauchen wenig Aufmerksamkeit, außer dass Sie im August die abgestorbenen Blüten entfernen sollten. Um die Pflanzen niedrig zu halten, schneiden Sie die Triebe im Frühling bis auf ein paar Zentimeter ins alte Holz zurück.

Ernte

Pflücken Sie die Blätter, wenn sie jung und frisch sind zum sofortigen Verzehr oder zum Trocknen.

Eigenschaften

- Höhe: 60–75 cm
- Ausbreitung: 45–60 cm

- Winterharter, immergrüner Halbstrauch mit tief eingeschnittenen, blau-grünen Blättern, die einen säuerlichen Geschmack haben. Im Sommer trägt er schwefelgelbe Blüten am Ende der Triebe. Man verwendet im Essen nur die Blätter mit ihrem säuerlichen und bitteren Aroma.

- **Verwendung in der Küche:** Junge Blätter werden sehr fein gehackt und Salaten beigemengt. Seien Sie sehr sparsam bei der Verwendung dieses Küchenkrautes.

tief eingeschnittene, blau-grüne Blätter und schwefelgelbe Blüten

Die Blätter verleihen dem Essen eine säuerliche, bittere Note.

Salbei

Salvia officinalis

Anbau und Vermehrung

Salbei wird normalerweise durch Stecklinge im zeitigen Herbst vermehrt. Nehmen Sie Stecklinge von diesjährigen, gesunden Trieben mit ein wenig verholztem Gewebe in einer Länge von 7,5 cm. Stecken Sie diese dann in Töpfe mit einem Gemisch aus feuchtem Torf und Sand im Verhältnis 1 : 1 und stellen Sie die Töpfe in einen Frühbeetkasten. Haben die Stecklinge Wurzeln gebildet, erhält jeder einzelne einen eigenen Topf, diesmal mit einer anlehmigen Erde, und wird zur Überwinterung wieder in den Frühbeetkasten gebracht.

Im späten Frühling können Sie die Pflanzen in den Kräutergarten auspflanzen.

- **Pflanzenpflege**

Salbeipflanzen sind normalerweise kurzlebig und sollten daher etwa alle 3–4 Jahre ersetzt werden. Schneiden Sie die Pflanzen jährlich im Spätsommer zurück, da sie ansonsten zu struppig wachsen und in der Mitte kahl werden.

- **Ernte**

Salbei wird geerntet, indem man die blättrigen Triebe herauszieht und zu Bündeln zusammenbindet. Sie können die Blätter frisch einsetzen oder sie zum schnellen Trocknen an einem warmen Ort aufhängen. Bewahren Sie die Blätter in einem luftdichten Gefäß auf.

Eigenschaften

- Höhe: 45–60 cm
- Ausbreitung: 45–60 cm

- Winterharter, immergrüner Halbstrauch mit runzligen, grau-grünen Blättern, die einen bitteren Geschmack haben. Kleine, sehr attraktive, blau-violette Blüten erscheinen Anfang bis Mitte des Sommers, die oft die gesamten Blätter bedecken. Zusätzlich zu dieser Art gibt es auch noch einige andere, die rötliche oder zweifarbige (panaschierte) Blätter haben. Diese schmückenden Stauden pflanzt man am besten in den Ziergarten oder als Farbtupfer bei Farbthemen im Kräutergarten (s. S. 22).

- **Verwendung in der Küche:** Die Blätter gehören traditionell zu fettigen Fleischgerichten wie Ente, Gans und Schwein. Am bekanntesten ist der Salbei aber in Verbindung mit Füllungen, Käse, Kalbfleisch, Leber und Zwiebeln. Salbei wird reichlich in der italienischen Küche, aber auch in anderen mediterranen Ländern eingesetzt.

verzweigte Stängel

aromatische Blätter

Einfaches Bohnenkraut

Satureja hortensis

Eigenschaften
- Höhe: 30 cm
- Ausbreitung: 23 cm

- Einjähriges Kraut mit einem buschigen Wuchs und mit sehr würzigen, dunkelgrünen Blättern, die an vierkantigen, haarigen Stängeln sitzen. Von Mitte des Sommers bis in den frühen Herbst hinein bilden sich winzige, lilafarbene Blüten aus den Blattachsen.

- **Verwendung in der Küche:** Die Blätter werden sowohl zum Würzen von Fleisch und Fisch als auch für Suppen, Eier- und Käsegerichte, Getränke und Füllungen verwendet. In Griechenland verwendet man das Bohnenkraut, wenn man dicke Bohnen (Fava) kocht.

- **Anbau und Vermehrung**

Ziehen Sie jährlich neue Pflanzen. In der Frühjahrsmitte formen Sie Saatrillen mit einer Tiefe von 6 mm und einem Abstand von 23 cm aus. Säen Sie gleichmäßig und dünn aus. Die Keimung dauert etwa 2–3 Wochen. Sind die Sämlinge groß genug, dünnen Sie diese auf einen Abstand von 15–23 cm aus.

- **Pflanzenpflege**

Fruchtbare und gut durchlässige Erde sowie ein vollsonniger bis leicht schattiger Platz werden bevorzugt. Entfernen Sie die Pflanzen im frühen Winter.

- **Ernte**

Pflücken Sie die Blätter den ganzen Sommer über und verwenden Sie diese frisch. Zum Trocknen der Blätter für den Winterbedarf schneiden Sie die Pflanzen im Spätsommer zurück, bündeln die Triebe und hängen sie an einem trockenen Ort auf.

Die gesamte Pflanze hat einen buschigen Wuchs.

Die Blätter haben ein sehr starkes Aroma und sollten sparsam eingesetzt werden.

Bergbohnenkraut

Satureja montana

Eigenschaften
- Höhe: 30 cm
- Ausbreitung: 25–30 cm

- Winterharter, immergrüner Halbstrauch mit aufrechtem Wuchs und vierkantigen Stängeln. Er erinnert leicht an Rosmarin. Die Blätter sind grau-grün. Von Sommer- bis Herbstmitte sind kleine zartrosa Blüten an den oberen Blattachseln zu sehen.

- **Verwendung in der Küche:** Die Blätter des Bergbohnenkrautes sind im Geschmack deftiger, werden aber ganz ähnlich wie die des einfachen Bohnenkrautes verwendet. Die Blätter werden sowohl zum Würzen von Fleisch und Fisch als auch für Suppen, Eier- und Käsegerichte, Getränke und Füllungen verwendet.

Anbau und Vermehrung
In der Frühjahrsmitte formen Sie Saatrillen mit einer Tiefe von 6 mm und einem Abstand von 23 cm. Säen Sie gleichmäßig und dünn aus. Sind die Sämlinge groß genug, dünnen Sie diese auf einen Abstand von 23–30 cm aus.

Pflanzenpflege
Halten Sie den Boden unkrautfrei und ersetzen Sie die Pflanzen alle 2–3 Jahre.

Ernte
Pflücken Sie die Blätter den ganzen Sommer über und verwenden Sie diese frisch. Zum Trocknen der Blätter für den Winterbedarf schneiden Sie die Pflanzen im Spätsommer zurück, bündeln die Triebe und hängen sie an einem trockenen Ort auf.

aufrechte, holzige, verzweigte Stängel

Sehr viele Gerichte werden mit den Blättern gewürzt.

Marienblatt

Tanacetum balsamita

• Anbau und Vermehrung

Graben Sie im Herbst oder Frühling die alten Pflanzhorste aus, teilen Sie die jüngeren Stücke am äußeren Rand ab und pflanzen Sie diese wieder ein.

Pflanzenpflege

Halten Sie den Boden frei von Unkraut und sorgen Sie für genug Feuchtigkeit.

Ernte

Sammeln Sie die jungen Blätter, wenn Sie diese benötigen.

Würzen von „Ale"

In vorigen Jahrhunderten wurde dieses Kraut „Ale", dem hellen Bier, beigemischt, um ihm einen würzigen Geschmack zu verleihen. Im 17. Jahrhundert wurde der Begriff „Ale" noch als Synonym für Gemeindefeste verwendet, auf denen es „Pfingstbier", „Kirchbier", „Lammbier" (um die Schafschur zu feiern) gab. Diese Biersorten waren sehr beliebt. Es gab sogar ein „Hochzeitsbier", eigens um die Hochzeit zu feiern.

Eigenschaften

- Höhe: 60–90 cm
- Ausbreitung: 45 cm

- Diese Staude ist auch unter dem Namen *Chrysanthemum balsamita* bekannt und hat längliche, ovale, gezahnte, mattgrüne, bis zu 15 cm lange Blätter. Sie hat hohe, schlanke Stängel mit lockeren Blütendolden, die überwiegend gelblich blühen. In kälteren Regionen setzt die Pflanze selten Blüten an und nur vereinzelt oder nie Samen.

- **Verwendung in der Küche:** Die würzigen, aromatischen Blätter werden für Salate oder Kräutertees verwendet. Früher wurden sie zum Würzen von „Ale" eingesetzt (s. links).

mattgrüne, dekorative Blätter

Die Blätter sind aromatisch.

Rainfarn

Tanacetum vulgare

Anbau und Vermehrung

Das Einfachste ist es, die verfilzten Wurzeln im späten Winter oder zeitigen Frühjahr auszugraben und zu teilen. Sie können aber auch Anfang des Frühlings die Samen in flachen Saatrillen, etwa 6 mm tief, ausbringen. Wenn die Sämlinge groß genug sind, dann dünnen Sie die Reihen aus bis auf einen Abstand von 30–45 cm.

Pflanzenpflege

Rainfarn ist eine robuste und ausdauernde Pflanze, aber seien sie beim Entfernen von Unkraut sorgfältig, da es die Pflanze sonst behindert. Da Rainfarn Wurzelausläufer bildet, sollte man ihn am besten auf einen abgelegenen Teil des Gartens begrenzen oder ihn mit einem bodenlosen Eimer einpflanzen.

Ernte

Pflücken Sie die Blätter frisch während der Sommermonate.

Streukräuter

Rainfarn wurde traditionell als Streukraut auf Schlossfluren oder in großen Häusern eingesetzt, um eine duftende Atmosphäre zu erzeugen. Es wird ihm ebenfalls nachgesagt Fliegen fernzuhalten. Auch ein altes Rezept für Mottenpulver enthält Rainfarn, Rosmarin und Thymian. Eine Kombination aus Holunderblättern und Rainfarn wurde auch dafür verwendet.

Eigenschaften

- Höhe: 90 cm
- Ausbreitung: 45–60 cm

- Winterharte, aufrechte Staude mit tief geschlitzten und geteilten, dunkelgrünen, etwa 23 cm langen Blättern. Rainfarn hat im Sommer leuchtend gelbe Blütenköpfe, die getrocknet sehr schön für Blumenarrangements im Winter genutzt werden können. Rainfarn hat einen sehr lockeren Bauerngartencharakter.

- **Verwendung in der Küche:** Die Blätter, in feine Streifen geschnitten, verwendet man für Omeletts, Sandwiches und Käsegerichte. Man hat ihn auch für traditionelle Puddings und Kuchen verwendet. Für den Tee werden die Blätter in kochendes Wasser gegeben.

steife, aufrechte Stängel

tief geteilte Blätter

Thymian

Thymus vulgaris

Anbau und Vermehrung

Graben Sie vorhandene ältere Pflanzen aus und teilen Sie diese im Frühjahr so, dass sie vom äußeren Rand neue, junge Pflanzen erhalten. Den inneren, alten Teil entsorgen Sie und pflanzen die neuen Teilstücke im Abstand von 23–30 cm wieder ein. Damit Sie immer ausreichend junge, grüne Blätter zur Verfügung haben, sollten Sie die Pflanzen alle 3–4 Jahre erneuern. Sie können Thymian aber auch durch Stecklinge vermehren. Nehmen Sie zu Sommerbeginn diese in einer Länge von 5–7,5 cm von den Seitentrieben ab. Entfernen Sie die unteren Blätter, setzen Sie die Stecklinge dann in Töpfe mit einem Gemisch aus feuchtem Torf und Sand im Verhältnis 1 : 1 und stellen Sie die Töpfe in einen Frühbeetkasten. Haben die Stecklinge Wurzeln gebildet, erhält jeder einzelne einen eigenen Topf, wird zur Überwinterung in einen Frühbeetkasten gebracht und später in den Garten ausgepflanzt.

• Pflanzenpflege

Thymian gedeiht am besten an einer offenen, vollsonnigen Stelle in leichtem, durchlässigem Boden. Er wächst sowohl in Kübeln als auch in Kräutergärten gut.

• Ernte

Pflücken Sie die Triebe und Blätter frisch, wenn Sie diese brauchen. Zum Trocknen schneiden Sie im Sommer etwa 15 cm lange Stängel ab und bündeln sie zu neunt oder zehnt. Hängen Sie diese dann an einem luftigen Ort zum Trocknen auf. Die Blätter können aber auch eingefroren werden (s. S. 136–139).

• Zitronenthymian

Thymus x citriodorus (Zitronenthymian) hat lanzettförmige bis ovale, mittelgrüne Blätter, die einen ganz typischen zitronenartigen, erfrischenden Duft verströmen, ähnlich wie bei der Zitronenverbene (s. S. 60). Die Pflanzen werden etwa 25 cm hoch und 38 cm breit. Die Blätter werden gerne in Potpourris und bei Nachtischen verwendet.

Eigenschaften

- Höhe: 10–20 cm
- Ausbreitung: 23–38 cm

- Winterharter, immergrüner, zwergwüchsiger Halbstrauch mit aromatischen Blättern. Anfang bis Mitte des Sommers blüht er in kleinen blasslilafarbenen Blütenbüscheln.

- **Verwendung in der Küche:** Die Blätter mit ihrem milden, leicht würzigen und süßen Aroma werden gerne, ob frisch oder getrocknet, für Füllungen, reichhaltige Fleischgerichte, Fisch und *bouquets garnis* genommen. Sie würzen auch wunderbar Brühen und Eintöpfe. Thymian war auch ein traditioneller Bestandteil bei „Hasenpfeffer".

süßlich würzig schmeckende Blätter

blasslilafarbene Blüten

buschige, immergrüne, ausbreitende Kräuterpflanze

Ingwer

Zingiber officinale

Anbau und Vermehrung

Am besten kaufen Sie jedes Frühjahr im Gemüseladen oder in einem Geschäft, das auf orientalische Lebensmittel spezialisiert ist, eine Wurzel. Topfen Sie diese in einen Topf mit 20 cm Durchmesser und einer gut durchlüfteten, anlehmigen Erde. Wässern Sie gründlich und stellen Sie den Topf in ein beheiztes Gewächshaus.

Pflanzenpflege

Halten Sie den Topf feucht, aber nicht nass. Wollen Sie die Pflanze draußen im Garten ziehen, dann suchen Sie ihr einen warmen, windgeschützten Platz.

Ernte

Am Ende der Pflanzzeit können Sie die Wurzeln ausgraben und frisch oder getrocknet in der Küche verwenden.

tropische Pflanze mit charakteristischen, dicken Wurzeln

Eigenschaften

- Höhe: 60–90 cm
- Ausbreitung: 30–38 cm

- Tropische Staude, die in gemäßigtem Klima in größeren Pflanzgefäßen gezogen werden kann, wenn die Wurzeln von Herbst bis Frühjahr im Gewächshaus geschützt sind. Hat man ein beheiztes Gewächshaus, kann man Ingwer sogar das ganze Jahr über ziehen. Am einfachsten ist es aber immer noch, jedes Frühjahr eine frische Wurzel zu kaufen und zu topfen und die gesamte Wurzel im Herbst zu ernten. Die Pflanzen haben lilienartige Triebe, die spitze, gelbe, purpur-gelippte Blüten hervorbringen. Am Ende der Pflanzzeit werden sich weitere dicke Wurzelrhizome gebildet haben, die alle für kulinarische Zwecke verwendet werden können.

- **Verwendung in der Küche**: Geriebene oder fein gehackte Wurzelstücke werden zum Würzen von Currys, Eingelegtem, würzigem Fleisch sowie Fisch- und Gemüsegerichten verwendet. Ingwer ist auch wichtig bei der Herstellung von Ingwerbrot und -keksen. Denken Sie daran, dass geriebener oder fein gehackter Ingwer stärker würzt als die gepulverte Form.

Die Wurzeln wurden einst zum Würzen von Bier verwendet.

Kräuter anbauen

Kräuter kaufen und pflanzen

- **Was muss ich beachten?**

Wenn Sie beim Kauf von Pflanzen folgende Dinge beachten, bringt Ihnen das schon den halben Erfolg und gesundes Wachstum: gesunde Ware, richtige Beschriftung der Etiketten und krankheits- und schädlingsfreie Pflanzen.

Die meisten Kräuter erhalten Sie im Handel in Töpfen. Hauptsächlich werden diese in Gartencentern oder Gärtnereien verkauft. Aber auch in Saisongeschäften, speziellen Gärtnereien und über Bestellungen per Post können Sie die Pflanzen bekommen.

Lokale Gärtnervereine organisieren vielleicht sogar einen Pflanzenmarkt, auf dem Sie die Pflanzen kaufen können. Das wäre eine gute Gelegenheit, mit dem Anbau von Küchenkräutern zu beginnen.

- **Pflanzen oder Saat?**

Wer mit dem Kräuteranbau beginnt, hat normalerweise die Wahl zwischen vorgezogenen Pflanzen oder Samentütchen (s. S. 124).

Kaufen Sie immer gesunde und richtig etikettierte Ware. Prüfen Sie, ob die Erde feucht ist und nicht nass. Es sollten auch keine Wurzeln aus den Drainagelöchern der Töpfe herauswachsen.

Es gibt aber auch noch die Möglichkeit Stecklinge (s. S. 128) von älteren Pflanzen zu nehmen oder die Stauden durch Teilung (s. S. 130) zu vermehren.

Vorgezogene Pflanzen bringen natürlich schnelle Ergebnisse und sind besonders bei langlebigen Pflanzen und Kräutern wie *Laurus nobilis* (Lorbeer) und *Rosmarinus officinalis* (Rosmarin) die ideale Lösung.

Viele andere, besonders die einjährigen Arten, können Sie aus Samen ziehen. Dies ist zwar ein relativ preisgünstiger Weg, um Kräuter anzubauen, doch wenn Sie nur ein paar Pflanzen benötigen, ist es oft besser, sie direkt in der Gärtnerei oder im Gartencenter zu kaufen.

In Gewächshäusern ist die Auswahl an Kräutern groß.

• Wo kaufe ich Kräuter (Pflanzen)?

Gartencenter
Die Pflanzen im Gartencenter zu kaufen, ist sehr beliebt, da Sie die Pflanzen vor dem Kauf genau unter die Lupe nehmen können. Falls Sie unsicher sind, welche Staude Sie kaufen wollen, können Sie sich dort auch oft beraten lassen. Hier werden die gängigsten Kräuter verkauft.

Spezialisierte Gärtnereien
Diese Gärtnereien bieten eine große Auswahl an Küchen- und auch Heilkräutern an. Manche dieser Betriebe verkaufen direkt an den Kunden, andere bieten wiederum nur einen Postversand an. Sie erhalten in diesen Gärtnereien eine spezielle Kaufberatung.

Saisongeschäfte
Im Frühling und Sommer bieten diese Verkaufsstellen ein gutes Preis-Leistungsverhältnis bei Pflanzen und Kräutern an. Einige Pflanzen stehen im Schatten im Geschäft, während andere draußen in der prallen Sonne sind. Prüfen Sie daher jede Pflanze sorgfältig vor dem Kauf.

Per Postversand
Dies ist genau der richtige Weg, um Pflanzen zu kaufen, wenn Sie ans Haus gebunden sind oder Transportschwierigkeiten haben sollten. Die Kräuter werden oft in Zeitungen oder Zeitschriften angeboten. Prüfen Sie die Pflanzen immer direkt nach der Lieferung und informieren Sie den Lieferanten sofort im Falle eines Problems.

Wo kaufe ich Kräuter (Saat)?

Gartencenter

Große Gartencenter verkaufen die entsprechende Saat und sind der ideale Ort, um eine Menge aus Samen gezogene Kräuter zu sehen. Kaufen Sie immer frisches Saatgut und achten Sie dabei auf das Verfallsdatum auf den Tütchen.

Saatkataloge

Das Bestellen von Sämereien per Katalog ist sehr beliebt, besonders wenn Sie nicht so mobil sind. Vermeiden Sie aber, im letzten Moment zu bestellen.

Spezialisierte Gärtnereien

Diese Gärtnereien verkaufen sowohl die Pflanzen als auch die Saat von Küchenkräutern. Ihre Auswahl ist immer größer als die eines Gartencenters – genau der richtige Ort für Kräuterliebhaber.

Pflanzentransport

Die Pflanzen heil nach Hause zu bekommen, ist ein weiterer wichtiger Schritt auf dem Weg zum erfolgreichen Kräuteranbau. Hier ein paar Tipps:

- Suchen Sie einen kühlen Platz im Auto für die Pflanzen aus, aber möglichst außer Reichweite von Kindern und Hunden.
- Wenn möglich, fahren Sie nur zur Gärtnerei und bringen die Pflanzen gleich nach Hause. So können Sie die Pflanzen vor dem Überhitzen schützen.
- Stellen Sie die Pflanzen am besten in eine Kiste, so stehen sie sicher.
- Setzen Sie die Pflanzen keinem starken Luftzug aus.
- Lassen Sie die Pflanzen nicht in der vollen Sonne stehen, bevor Sie diese einpflanzen.

Wie pflanze ich Kräuter?

Wie bei allen anderen Pflanzen sollten die Kräuter so bald wie möglich nach dem Kauf eingepflanzt werden. Damit Sie auch langfristig Freude an Ihren Kräutern haben, bereiten Sie sowohl die Pflanzen als auch den Boden sorgfältig vor. Falls Sie dieses versäumen, kann die Pflanze nicht erfolgreich anwachsen.

Küchenkraut im Topf: Thymian, Oregano und glatte Petersilie

1. Stellen Sie die Pflanzen, immer noch in ihren Töpfen, auf eine ebene, wasserdurchlässige Fläche und gießen Sie die Pflanzenerde. Sollte die Erde trocken gewesen sein, ist ein zweiter Gießdurchgang nötig. Gießen Sie auch schon jetzt leicht, aber gründlich die Pflanzstellen in Ihrem Garten.

2. Um den Wurzelballen aus dem Topf zu bekommen, legen Sie ihre Hand auf den oberen Topfrand und drehen Sie das Ganze um. Jetzt den Topfrand leicht auf eine feste Oberfläche klopfen, um den Ballen zu lösen, dann ziehen Sie die Pflanze heraus.

3. Den Wurzelballen so in das Pflanzloch stellen, dass die Oberkante des Ballens leicht unterhalb des angrenzenden Bodens sitzt. Das Pflanzloch nun mit der lockeren Erde auffüllen und mit den Fingern gut andrücken.

Welchen Abstand wähle ich?
Wie bereits im Kapitel „Küchenkräuter von A bis Z" (S. 54–117) beschrieben, können Kräuter, wie alle anderen Pflanzen auch, von sehr unterschiedlicher Höhe und Ausbreitung sein. Deshalb achten Sie beim Pflanzen auch auf den richtigen Abstand. Die Blätter der einzelnen Pflanzen sollten sich später nur leicht überlappen. Die Pflanzen können sich nicht nur besser entwickeln, sondern es sieht auch schöner aus, wenn sie später nicht nur von nackter Erde umgeben sind oder sogar viel zu dicht an den Nachbarpflanzen stehen.

Wie pflanze ich in Gruppen?
Wenn mehrere Kräuter einer Sorte in Gruppen gepflanzt werden, dann denken Sie daran, eine ungerade Pflanzenanzahl zu verwenden. Eine Dreiergruppe, wie ein Dreieck angeordnet, sieht immer besser aus als zwei oder vier Pflanzen in einer Reihe oder im Quadrat. Bei Pflanzgruppen mit ungerader Zahl wachsen die einzelnen Pflanzen auch schöner mit den benachbarten Kräutern zusammen.

• Was muss ich nach dem Pflanzen tun?

Nachdem Sie die Erde um jeden Wurzelballen angedrückt haben, glätten Sie den Boden am besten mit einer Kelle. Das sieht nicht nur nett aus, es hilft auch, eine Pfützenbildung nach dem Wässern zu vermeiden. Gießen Sie jetzt sanft, aber gründlich die gesamte Pflanzung und so etwa bis zu 1 m um jede Pflanze herum. Später, wenn der Boden oberflächlich trocken wird, wässern Sie ein weiteres Mal. Bei trockenem Wetter ist auch mehr Wasser nötig.

Kräuter aus Saatgut ziehen

• Was bringt Samen zum Keimen?
Die Saat keimt, wenn sie angemessene Feuchtigkeit, Belüftung und Wärme erhält. Die meisten Samen brauchen Dunkelheit zum Keimen, andere das Licht, so genannte Lichtkeimer. Früher oder später brauchen jedoch alle Licht, nämlich dann, wenn sich die Keimblätter durch die Erde schieben. Sind alle grundlegenden Anforderungen für die Keimung erfüllt, bricht die Samenhülle auf und ein Keimblatt (oder Keimblätter) wächst geradewegs zum Licht. Zur selben Zeit bildet sich eine Wurzel.

• Warum ist diese Art der Aufzucht so beliebt?
Das Aussäen von Saat ist eine sehr gängige und günstige Methode, um neue Pflanzen heranzuziehen, besonders dann, wenn man viel Pflanzen zur gleichen Zeit mit ähnlichen Eigenschaften haben möchte. Kaufen Sie die Saat nur im seriösen Handel, so ist gewährleistet, dass diese frisch ist und Sie auch genau die Sorte bekommen, die Sie haben wollen.

• Wie bewahre ich Sämereien auf?
Falls Sie in einem Jahr Saatgut übrig haben, ist es möglich, dieses für das nächste Jahr aufzubewahren. Verschließen Sie bereits geöffnete Tütchen luftdicht mit einem Klebeband und bewahren Sie diese an einem dunklen, kühlen Ort, wie zum Beispiel in einer Dose oder einem Topf, auf. Prüfen Sie, ob das Verfallsdatum auf der Packung steht.

Trotzdem kann es sein, dass die Saat von manchen zwiebelartigen Pflanzen im kommenden Jahr nicht aufläuft. Alte Petersiliensaat keimt z. B. oft nur noch widerwillig.

Viele Kräuter können preisgünstig aus Samen gezogen werden.

- **Aussaat im Freiland**

Viele Kräuter können direkt draußen eingesät werden (s. S. 127). Einige Saaten werden dort ausgebracht, wo die Pflanzen keimen und wachsen sollen, während andere erst einmal in einem Saatbeet vorgezogen werden, um dann später an ihren eigentlichen Standort versetzt zu werden. Einzelheiten dazu finden Sie in dem Kapitel „Küchenkräuter von A bis Z" (s. S. 54–117).

1. **Boden im Winter umgraben und dauerhafte Unkräuter entfernen. Eine Woche vor der Aussaat das Saatbeet wässern. Die Oberfläche des Bodens darf leicht abtrocknen, dann die Erde systematisch seitlich mit den Füssen antreten und anschließend die Fläche eben harken.**

2. **Ziehen Sie die Rillen mit der Spitze einer Hacke. Verwenden Sie dazu eine Gärtner- (Maurer-) schnur und stellen Sie sich mit dem Fuß darauf, dann werden die Rillen schnurgerade. Sorgfältig den Abstand zwischen den Saatrillen ausmessen und jede Reihe beschriften, damit Sie auch nachher noch wissen, was dort wächst.**

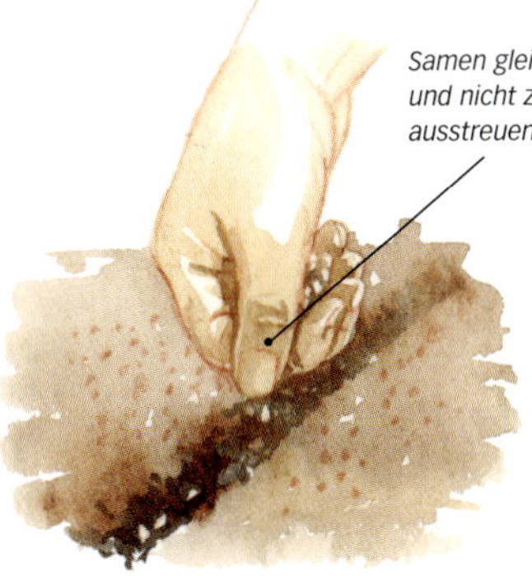

3. **Legen Sie sich ein paar Samen in die Handinnenfläche und drücken Sie den Daumen vorsichtig gegen den Zeigefinger. Jetzt lassen Sie langsam nach und nach ein paar Körner in die Rille fallen. Achten Sie auf den richtigen Abstand und darauf, dass die Saat nicht zusammenklebt.**

• Aussaat im Gewächshaus

Gewächshäuser bieten ein warmes Klima, in dem die Samen keimen und die jungen Pflanzen kräftig und gesund wachsen können. Im Kapitel „Küchenkräuter von A bis Z" ist beschrieben, bei welchen Temperaturen die jeweiligen Kräuter keimen (s. S. 54–117).

Erliegen Sie nicht der Versuchung, die Saat höheren Temperaturen auszusetzen. Dies fördert weder ein schnelleres Wachstum noch die Entwicklung von kräftigeren Sämlingen.

1. Eine saubere Anzuchtschale mit frischer Anzuchterde befüllen, mit den Fingern andrücken, besonders die Ecken. Die Ränder sind die Stellen, an denen die Erde als erstes austrocknet, wenn nicht genug gewässert wird.

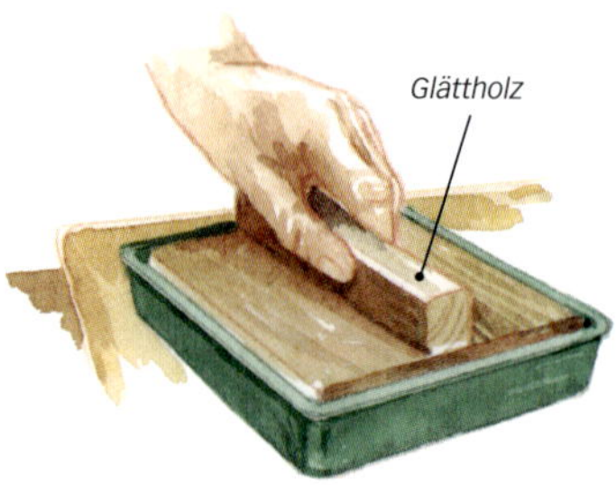

2. Die Saatschale mit Anzuchterde auffüllen und mit einem geraden Stück Holz oder Glättholz einebnen. Die Erde so weit mit den Fingern andrücken, dass zwischen dem Rand der Saatschale und der Oberfläche der Erde etwa 12 mm liegen.

3. Einige Samenkörner in die Mitte eines steifen, hellen, gefalteten Papiers geben. Jetzt leicht das Papier antippen, damit die Saat gleichmäßig auf die Erde fällt, aber nicht zu weit in die Ecken der Anzuchtschale hinein.

4. Mit dem feinen Gartensieb die Vermehrungserde leicht über die Saat sieben, ungefähr in der 3–4-fachen Stärke der Saatkörner. Ein rundes Küchensieb kann als Ersatz dienen.

5. Die Saatschale so lange in eine flache, mit wenig Wasser gefüllte Schüssel stellen, bis das Wasser an die Oberfläche der Vermehrungserde sickert. Die Saatschale anheben und das überschüssige Wasser abtropfen lassen.

Geeignete Kräuter

Einige Kräuter können im Freiland gezogen werden, andere brauchen das warme Gewächshaus. Es gibt aber ein paar Kräuter, die Sie sowohl drinnen als auch draußen heranziehen können.

Kräuter fürs Freiland

- Anis (Seite 102)
- Borretsch (Seite 72)
- Dill (Seite 62)
- Einfaches Bohnenkraut (Seite 108)
- Engelwurz (Seite 64)
- Fenchel (Seite 80)
- Französischer Majoran (Seite 100)
- Kerbel (Seite 65)
- Koriander (Seite 78)
- Kümmel (Seite 76)
- Liebstöckel (Seite 86)
- Majoran (Seite 98)
- Petersilie (Seite 101)
- Rainfarn (Seite 112)
- Ringelblume (Seite 74)
- Sauerampfer (Seite 104)
- Süßdolde (Seite 95)
- Weinraute (Seite 105)
- Ysop (Seite 84)

Kräuter für Saatschalen im Gewächshaus

- Basilikum (Seite 96)
- Französischer Majoran (Seite 100)
- Indianernessel (Seite 94)
- Majoran (Seite 98)
- Süßdolde (Seite 95)

Abdecken der Saat

Bedecken Sie die Saatschalen mit einer Glasscheibe und einigen Zeitungsblättern. Wenden Sie die Glasscheibe täglich und wischen Sie das Kondenswasser ab. Nach der Keimung entfernen Sie Glas und Papier.

Gläsernes Gewächshaus im Sommer

Kräuter durch Stecklinge vermehren

Was sind Stecklinge?

Ein Steckling ist ein beliebiger Teil einer Pflanze, sei es Stängel, Wurzel oder Blatt, der, wenn er einer Pflanze entnommen und für das Einsetzen in gut belüftete Vermehrungserde vorbereitet ist, Wurzeln bildet. Einige Stecklinge brauchen das warme und abgeschlossene Gewächshausklima, um Wurzeln bilden zu können. Andere hingegen bewurzeln erst, wenn sie draußen in ein geschütztes Frühbeet mit guter, durchlässiger Erde eingesetzt werden.

Einige Küchenkräuter kann man sowohl durch Triebstecklinge als auch durch Wurzelstecklinge vermehren.

Wie vermehre ich Pflanzen aus Stecklingen?

Im Gegensatz zu den Pflanzen, die aus Samen gezogen werden, haben die Pflanzen aus der Stecklingsvermehrung das identische Erbgut ihrer Mutterpflanze. Bei der Vermehrung durch Stecklinge haben die Nachkommen aber auch eine gewisse Energiereserve, die ihnen zu einem guten Start verhilft. Ist allerdings die Mutterpflanze mit einer Krankheit oder einem Virus infiziert, so geht das mit dem Steckling auch auf die neue Pflanze über.

Welche Art Stecklinge nutze ich?

Viele der Küchenkräuter in diesem Buch werden entweder durch Kopfstecklinge (Grün- oder auch grundständige Stecklinge) oder Basalstecklinge (halbreife Stecklinge) vermehrt.

Geeignete Kräuter

Auch viele andere Kräuter können wie die unten aufgeführten durch Stecklinge von gesunden Pflanzen vermehrt werden.

- Ananasminze (Seite 92)
- Apfelminze (Seite 91)
- Eberraute (Seite 68)
- Estragon (Seite 70)
- Grüne Minze (Seite 90)
- Lorbeer (Seite 85)
- Rosmarin (Seite 103)
- Salbei (Seite 106)
- Thymian (Seite 114)
- Weinraute (Seite 105)
- Ysop (Seite 84)
- Zitronenverbene (Seite 60)

Entwicklungsstufen des Pflanzenwachstums unter und über der Erde

Stecklinge entnehmen

Kopfstecklinge – Grünstecklinge

Die einfachste Art, um krautige Küchenkräuter zu vermehren, ist, Kopfstecklinge zu bewurzeln. Sie brauchen mäßige Wärme, um Wurzeln bilden zu können. Hier können Sie Schritt für Schritt sehen, wie man Kopfstecklinge entnimmt und einpflanzt.

1. **Wässern Sie die Mutterpflanze einen Tag, bevor Sie die Triebe abtrennen wollen. Trockene Stängel bilden nämlich nur schwer neue Wurzeln. Verwenden Sie ein scharfes Messer oder eine Gartenschere, wenn Sie die Stecklinge nehmen. Schneiden Sie direkt über einem Knoten ab.**

2. **Schneiden Sie den Steckling auf eine Länge von etwa 6,5–7,5 cm direkt unter einem Knoten gerade mit einem scharfen, sauberen Messer ab. Entfernen Sie die unteren Blattpaare.**

3. **Füllen Sie einen Topf mit Substrat aus feuchtem Torf und Sand zu gleichen Teilen und drücken Sie die Erde an, bis sie etwa 12 mm unterhalb des Topfrandes ist. Mithilfe eines Pikierholzes oder Bleistiftes setzen Sie die Stecklinge in den Topf und drücken die Erde mit den Fingern rundherum fest. Achten Sie darauf, dass die Stecklinge nicht zu dicht am Topfrand sitzen. Anschließend das Substrat vorsichtig, aber gründlich wässern.**

Basalstecklinge – halbreife Stecklinge

Diese Art der Stecklinge wird von einigen Pflanzen genommen, deren Triebe mehr ausreifen und sogar zum Teil leicht verholzen. Die Stecklinge werden Mitte des Sommers oder im Spätsommer so geschnitten, dass möglichst ein Stück ausgereifteres Gewebe enthalten ist. Schlagen Sie im Kapitel „Küchenkräuter von A bis Z" (s. S. 54–117) für genauere Angaben zu den Stecklingen nach.

Kräuter teilen

• Ist das Teilen von Pflanzen einfach?
Die Teilung ist eine der einfachsten und sichersten Möglichkeiten, um Pflanzen zu vermehren, da einem hierbei selten die Pflanzen eingehen, bevor sie wirklich angewachsen sind. Nur ein radikaler Feuchtigkeitsverlust im Boden verhindert das Anwachsen von geteilten Pflanzen. Am besten eignen sich die äußeren Teile einer älteren, größeren Staude zum Verpflanzen. Den älteren, inneren Teil der Staude sollten Sie entsorgen.

• Veraltet und verholzt
Vernachlässigt man Stauden einige Jahre, bilden sie unter Umständen große Wurzelstöcke aus, die langsam an Vitalität verlieren. Ihre Mitte ist voll von alten, holzigen Stängeln, während die jungen Triebe am äußeren Rand sitzen. Am besten graben Sie jeweils die gesamte Pflanze im Herbst oder späten Winter aus und teilen sie dann. Aus jedem Wurzelstock erhalten Sie mehrere neue Pflanzen.

• Pflege
Nachdem Sie die Pflanzen ausgegraben und geteilt haben, sollten Sie die neuen Pflanzenstücke so schnell wie möglich wieder einpflanzen, damit ihre Wurzeln nicht austrocknen. Falls sich das Einpflanzen verzögert, wässern Sie die Wurzeln und legen angefeuchtete Säcke zum Schutz darüber. Achten Sie beim Teilen verschiedener Pflanzen darauf, dass diese nicht durcheinandergeraten.

• Datum und Name
Beschriften Sie geteilte Pflanzen immer mit dem entsprechenden Namen und Datum. Die Pflanzen sterben im Winter oberflächlich ab, sodass man sie nicht mehr sehen kann. Deshalb markieren Sie die Pflanzstellen am besten mit einem Bambus- oder Holzstab.

Geeignete Kräuter
Einige Küchenkräuter lassen sich teilen, ganz egal, ob sie im Topf oder draußen im Kräuterbeet wachsen. Sogar übergroße Knoblauchpflanzen lassen sich teilen.

Kräuter
- Ananasminze (Seite 92)
- Apfelminze (Seite 91)
- Estragon (Seite 70)
- Fenchel (Seite 80)
- Grüne Minze (Seite 90)
- Indianernessel (Seite 94)
- Liebstöckel (Seite 86)
- Marienblatt (Seite 110)
- Melisse (Seite 88)
- Rainfarn (Seite 112)
- Sauerampfer (Seite 104)
- Schnittlauch (Seite 58)
- Thymian (Seite 114)

Zwiebelgewächse
- Knoblauch (Seite 57)

Verschiedene Küchenkräuter in praktischen Tontöpfchen

Wurzelballen von Kräutern teilen

Kräuter zu teilen ist einfach und bedarf weniger Werkzeuge. Bei großen, draußen gewachsenen Kräuterstauden graben Sie zuerst die gesamte Pflanze aus. Jetzt stechen Sie zwei mit der Rückseite zueinanderzeigende Gabeln in die Mitte der Pflanze und bewegen die dicht zusammenliegenden Zinken vor und zurück, um die Pflanze so auseinanderzubekommen. Bei Pflanzen mit einem Topfballen (hier zum Beispiel Schnittlauch) können Sie wie unten beschrieben vorgehen.

1. **Wässern Sie die Töpfe nochmals am Tag, bevor Sie die Pflanze teilen möchten. Ziehen Sie den Wurzenballen vorsichtig aus dem Topf, indem Sie die Pflanze umdrehen und die Topfkante leicht auf eine feste Oberfläche klopfen.**

2. **Normalerweise können Sie den Ballen mit den Händen auseinanderreißen. Sollte der Ballen zu stark durchwurzelt und die Mitte der Pflanzen zu holzig sein, benutzen Sie ein scharfes Messer zum Teilen. Entfernen Sie die alten und verholzten Teile.**

3. **Füllen Sie nun den Topf mit neuer Pflanzerde und setzen Sie eine von den geteilten Pflanzen ein. Jetzt können Sie den Topf bis zur alten Markierung mit Erde auffüllen, bleiben Sie dabei aber etwa 12 mm unterhalb des Topfrandes. Drücken Sie die Erde rund um die Wurzeln fest und wässern Sie den Topf gründlich.**

Kräuter ernten

- **Wann sollte ich meine Kräuter sammeln?**

Die meisten Kräuter erntet man, wenn sie jung und frisch sind und das beste Aroma haben. Die Erntezeit kann bei jeder Pflanze unterschiedlich sein und ist jeweils im Kapitel „Küchenkräuter von A bis Z" (s. S. 54–117) genau beschrieben.

Anhand der nachfolgenden Listen erkennen Sie schnell, von welchen Kräutern Sie die Blätter, Samen, Stängel, Wurzeln, Zwiebeln oder Blüten zum Würzen oder Garnieren von Speisen oder für kalte, erfrischende Getränke verwenden können.

Ernten Sie nur die jungen, gesunden Blätter. Die alten und beschädigten Blätter sind kein schöner Anblick.

- **Wann erntet man Kräuter?**

Die Zeit der Ernte hängt davon ab, was Sie von dem jeweiligen Küchenkraut verwenden möchten. Pflanzen, die wegen ihrer Blätter und Stängel angebaut werden, erntet man hauptsächlich frisch und bevor sie Blüten ansetzen. Diejenigen, die man um der Samen willen kultiviert, können erst geerntet werden, wenn die Hülsen aufbrechen und die Pflanzen schon ihre Farbe verändern, z. B. von gelb zu braun. Die Blüten werden gepflückt, bevor sie gänzlich geöffnet sind. Der beste Zeitpunkt zum Ernten ist der frühe Morgen, wenn der Tau schon abgetrocknet ist, die Sonne aber noch nicht richtig intensiv scheint. Bei nassem Wetter sollte man nichts einsammeln.

Seien Sie sehr vorsichtig, damit die Blüten nicht beschädigt werden.

Benutzen Sie ein scharfes Messer, um die Stängel abzutrennen.

Was verwendet man wie?

Die Art und Weise Kräuter zu ernten hängt davon ab, welchen Teil von der Pflanze Sie verwenden möchten. Für genauere Informationen zum jeweiligen Küchenkraut lesen Sie im Kapitel „Küchenkräuter von A bis Z" (s. S. 54–117) nach.

Blätter

Allium schoenoprasum
Schnittlauch
Seite 58

Aloysia triphylla
Zitronenverbene
Seite 60

Anethum graveolens
Dill
Seite 62

Anthriscus cerefolium
Kerbel
Seite 65

Artemisia abrotanum
Eberraute
Seite 68

Artemisia dracunculus
Estragon
Seite 70

Borago officinalis
Borretsch
Seite 72

Calendula officinalis
Ringelblume
Seite 74

Coriandrum sativum
Koriander
Seite 78

Foeniculum vulgare
Fenchel
Seite 80

Hyssopus officinalis
Ysop
Seite 84

Laurus nobilis
Lorbeer
Seite 85

Levisticum officinale
Liebstöckel
Seite 86

Melissa officinalis
Melisse
Seite 88

Mentha spicata
Grüne Minze
Seite 90

Blätter

Mentha suaveolens
Apfelminze
Seite 91

Mentha suaveolens „Variegata"
Ananasminze
Seite 92

Monarda didyma
Indianernessel
Seite 94

Myrrhis odorata
Süßdolde
Seite 95

Ocimum basilicum
Basilikum
Seite 96

Origanum majorana
Majoran
Seite 98

Origanum onites
Französischer Majoran
Seite 100

Petroselinum crispum
Petersilie
Seite 101

Rosmarinus officinalis
Rosmarin
Seite 103

Rumex scutatus
Sauerampfer
Seite 104

Ruta graveolens
Weinraute
Seite 105

Salvia officinalis
Salbei
Seite 106

Satureja hortensis
Einfaches Bohnenkraut
Seite 108

Satureja montana
Bergbohnenkraut
Seite 109

Tanacetum balsamita
Marienblatt
Seite 110

Tanacetum vulgare
Rainfarn
Seite 112

Thymus vulgaris
Thymian
Seite 114

Samen

Anethum graveolens
Dill
Seite 62

Carum carvi
Kümmel
Seite 76

Coriandrum sativum
Koriander
Seite 78

Foeniculum vulgare
Fenchel
Seite 80

Levisticum officinale
Liebstöckel
Seite 86

Myrrhis odorata
Süßdolde
Seite 95

Pimpinella anisum
Anis
Seite 102

Stängel

Angelica archangelica
Engelwurz
Seite 64

Levisticum officinale
Liebstöckel
Seite 86

Wurzeln

Armoracia rusticana
Meerrettich
Seite 66

Glycyrrhiza glabra
Süßholz
Seite 82

Zingiber officinale
Ingwer
Seite 116

Zwiebeln/Knollen

Allium sativum
Knoblauch
Seite 57

Blüten

Borago officinalis
Borretsch
Seite 72

Calendula officinalis
Ringelblume
Seite 74

Monarda didyma
Indianernessel
Seite 94

Kräuter trocknen und einfrieren

● Halten sich Kräuter sehr lange?

Die meisten Kräuter verwendet man am besten frisch, doch viele, die man wegen ihrer Blätter anbaut, kann man auch für eine begrenzte Zeit in trockenen, luftdichten Behältern aufbewahren. Sie können die Kräuter natürlich auch trocknen oder einfrieren. Trocknen Sie diese an einem warmen, gut belüfteten Ort. Das ist seit Jahrhunderten die traditionelle Art Kräuter zu konservieren. Eine weitaus modernere Methode ist das Einfrieren. Hierbei können die Kräuter im Ganzen oder gehackt verwendet werden.

● Lagern von getrockneten Kräutern in Behältern

Wenn Sie Kräuter in luftdichten Behältern aufbewahren, stellen Sie diese in ein dunkles, kühles Regal. Stellen Sie die Glas- oder Keramikbehälter nicht auf Regale oberhalb des Ofens, da es hier große Temperaturschwankungen gibt. Vermeiden Sie ebenfalls Plätze in der Nähe des Herdes, wo Kochdämpfe entstehen. Wenn die Kräuter korrekt getrocknet und gelagert werden, können Sie ihr Aroma bis zu einem Jahr behalten. Vergessen Sie nicht, das Datum und den Namen des jeweiligen Krautes auf die Dose zu schreiben. Das Aroma getrockneter Kräuter ist konzentrierter als das der frischen. Seien Sie beim Würzen also etwas sparsamer, die halbe Menge genügt oft.

● Eintöpfe würzen

Eintöpfe, Suppen und Brühen lassen sich ganz einfach mit Kräutereiswürfeln (s. S. 139) verfeinern. Geben Sie diese einfach unaufgetaut vor dem Kochen mit in das Gericht.

Wenn Sie den Würfel leicht zerbrechen, löst er sich schneller auf.

Die gebündelten Kräuterzweige sehen äußerst attraktiv aus und verleihen der Umgebung ein rustikales Ambiente.

Geeignete Kräuter

Ob Sie sich für frische, getrocknete oder tiefgefrorene Kräuter entscheiden, hängt von der Jahreszeit und der Natur der jeweiligen Pflanze ab. Im Kapitel „Küchenkräuter von A bis Z“ (s. S. 54–117) finden Sie immer Vorschläge zum Ernten und Konservieren der Kräuter.

Am besten frisch

Natürlich schmecken die Kräuter frisch gepflückt immer am besten, aber es gibt eben einige Monate im Jahr, in denen das nicht möglich ist. Immergrüne Kräuter wie *Rosmarinus officinalis* (Rosmarin) und *Laurus nobilis* (Lorbeer), aber auch einjährige Arten, die drinnen überwintert werden, stehen Ihnen das ganze Jahr zur Verfügung. Trotzdem werden Sie von Herbst bis Frühling auf getrocknete oder gefrorene Kräuter zurückgreifen müssen.

Gut zu trocknen

Bei den Kräuterpflanzen, die wegen ihrer Blätter oder Stängel angebaut werden, sollte man die entsprechenden Teile ernten, wenn sie jung und gesund sind und vorzugsweise bevor die Pflanze blüht. Bei großblättrigen Pflanzen wie *Salvia officinalis* (Salbei) können Sie die Blätter von den Stängeln entfernen, bevor Sie diese trocknen, bei kleinblättrigen Arten trocknen Sie ruhig den ganzen Trieb. Prüfen Sie vorher immer, ob die Blätter auch frei von Krankheiten und Schädlingen bzw. deren Schadspuren sind.

Ideal zum Einfrieren

Das ist die ideale Methode, um Kräuter zu konservieren, die sich nicht gut trocknen lassen, besonders diejenigen mit weichen, zarten Blättern. Küchenkräuter, die häufig eingefroren werden, sind z. B. Basilikum, Kerbel, Petersilie, Schnittlauch und Minze. Die Kräuter behalten zwar ihren Geschmack, sehen aber nach dem Auftauen nicht mehr so schön aus. Daher eignen sie sich eher zum Würzen als zum Garnieren von Speisen. Verbrauchen Sie die Kräuter am besten innerhalb von sechs Monaten nach dem Einfrieren.

Zum Trocknen zusammengebundener Lavendelstrauß

Wie trockne ich Kräuter?

Es gibt zwei gängige Methoden, um Kräuter zu trocknen – an der Luft oder in einem leicht warmen Ofen. Die einfachste und beste Methode ist immer noch das Lufttrocknen von Kräutern, wobei beide Verfahren das gleiche bewirken.

Kleinblättrige oder filigrane Kräuter lassen sich am besten trocknen, wenn Sie diese in Büscheln zusammenbinden und kopfüber an einem warmen, luftigen Platz aufhängen. Vermeiden Sie die Trocknung in feuchten Küchen. Das Trocknen dauert etwa 5–10 Tage.

Trocknen Sie große Blätter auf einem Gitterrost und stellen Sie diesen für ein oder zwei Tage an einen warmen, luftigen Ort (wie z. B. in einen Trockenschrank oder eine Wärmeschublade des Backofens). Für eine gleichmäßige Trocknung wenden Sie die Blätter täglich.

Kräuter blanchieren

Es wird oft empfohlen, die Kräuter eher zu blanchieren als zu trocknen, dies ist aber nicht entscheidend. Es bewirkt lediglich, dass die Blätter ihre Farbe behalten.

Wie trockne ich Fruchtstände?

Einige Kräuter, die man wegen ihrer Samen anbaut, wie Dill, Fenchel und Koriander, setzt man ein, um dem Essen einen ganz bestimmten Geschmack zu verleihen. Fruchtstände zu trocknen ist einfach und erfordert sehr wenig Arbeit.

Pflücken Sie die Fruchtstände, wenn sie sich gänzlich geöffnet haben. Geben Sie diese in eine Papiertüte oder umhüllen Sie sie mit Mull, damit die Samen nicht verloren gehen. Dann binden Sie die Stängel zusammen und hängen sie verkehrt herum an einem warmen und luftigen Ort zum Trocknen auf.

Lösen Sie die Samen heraus, wenn sie gänzlich getrocknet sind. Dazu können Sie auch ein Küchensieb verwenden. Lagern Sie die Samen in einem trockenen, luftdichten Gefäß in einem dunklen Schrank.

Wie friere ich Kräuter ein?

Es gibt zwei verschiedene Arten, um Kräuter einzufrieren: im Ganzen oder in Wasser. Egal für welche Methode Sie sich entscheiden, es ist wichtig, dass die Blätter gesund und unbeschädigt sind.

Nehmen Sie ganze, junge Triebe oder Blätter, geben Sie diese in einen Gefrierbeutel und verschließen Sie ihn luftdicht, damit kein Aroma verloren geht. Legen Sie die Beutel in einen stabilen Behälter, sodass sie nicht zerquetscht werden können, und stellen Sie ihn in den Gefrierschrank. Denken Sie an die Beschriftung der Beutel.

Bevor Sie die Kräuter in Wasser einfrieren, sollten Sie diese klein hacken und in einen Eiswürfelbehälter geben. Jetzt können Sie die einzelnen Fächer mit Wasser auffüllen und anschließend in das Gefrierfach geben. Die Würfel können Sie direkt vor oder während des Kochens dem Essen zugeben.

Schädlinge und Krankheiten

- **Sind Kräuter anfällig?**

Wie alle Pflanzen, besonders jene mit Blüten und weichen Stängeln, werden auch Kräuter manchmal von Schädlingen und Krankheiten befallen. Manche Schädlinge fressen Wurzeln, Stängel, Blüten und Blätter.

Krankheiten schädigen besonders die weichen Teile der Pflanzen sowie junge und anfällige Sämlinge.

Viele Pflanzenarten werden von Schädlingen befallen, dazu zählen Raupen, die grüne Blattlaus, Tausendfüßler, Nacktschnecken und Gehäuseschnecken.

Engerlinge – Maikäferlarven

Engerlinge leben eingegraben in der Gartenerde und ernähren sich von Pflanzenwurzeln, was dazu führt, dass die Pflanzen welken und öfter absterben.

Wenn die Engerlingspuppen und Käfer an die Oberfläche kommen, sammeln Sie diese möglichst auf und vernichten Sie sie, ebenso die Larven, die beim Umgraben des Gartens auftauchen. Neue Kräuterbeete im Winter sollten Sie sehr tief umgraben, um die Larven freizulegen und zu entfernen.

Raupen

Raupen fressen weiche Stängel und Blätter mit großer Geschwindigkeit. Falls etwas von der Pflanze übrig bleibt, so nur noch als Gerippe.

Raupen absammeln und die Pflanze mit einem für Nutzpflanzen geeigneten Insektizid besprühen. Auch die Entfernung von Gartenabfällen im Winter dezimiert die Brut und die Anzahl der Raupen.

Erd- oder Eulenraupen

Erd- oder Eulenraupen sind die Larven einiger Mottenarten. Sie fressen Sämlinge und Pflanzen bis zum Boden ab, sodass diese eingehen oder aussehen, als seien sie abgeschnitten.

Bei der Vorbereitung eines neuen Kräuterbeetes den Boden gründlich umgraben, die Larven aufsammeln und vernichten. Während des Sommers die Pflanzen freihacken.

Stängelgrundfäule (Phytium-Wurzelfäule)
Stängelfäule ist grundsätzlich eine Krankheit, die junge Setzlinge im Gewächshaus befällt. Vermehrt tritt der Befall auf bei schlecht belüfteter Komposterde und hoher Luftfeuchtigkeit. Die Setzlinge fallen direkt über dem Boden zusammen infolge der Zerstörung des Stängels an dieser Stelle.

Verwenden Sie gut belüfteten Kompost, wässern Sie vorsichtig, um einen Feuchtigkeitsstau zu verhindern und vermeiden Sie hohe Luftfeuchtigkeit.

Ohrwürmer
Ohrwürmer sind stark zerstörende und häufig anzutreffende Schädlinge. Sie nisten sich in Pflanzen ein und fressen weiche Stängel, Blätter und Blüten.

Sammeln Sie die Ohrwürmer ein und vernichten Sie diese. Man kann aber auch Fallen (mit Stroh gefüllte Blumentöpfe, die verkehrt herum auf Bambusstäbe gesteckt werden) aufstellen und sie somit einfangen. Alternativ kann ein für Nutzpflanzen geeignetes Insektizid eingesetzt werden.

Erdflöhe
Erdflöhe fressen runde Löcher in Setzlinge und besonders in junge Blätter. Diese werden unansehnlich und gedeihen nicht. Erdflöhe sind besonders aktiv im späten Frühjahr.

Vorsichtig mit einem für Nutzpflanzen geeigneten Insektizid besprühen. Außerdem sollte der Boden aufgelockert und frei von Gartenabfällen sein.

Grüne Blattläuse (Blattläuse)
Die grüne Blattlaus saugt bevorzugt Pflanzensaft. Dadurch werden die Blätter fleckig und rollen sich ein. Meist sammeln sich die Schädlinge unter Blättern, an Stielansätzen sowie an Knospen und in weichen Blüten an. Sie übertragen Viruserkrankungen von Pflanze zu Pflanze und verursachen somit weitere Schäden.

Sobald man grüne Blattläuse entdeckt, sollte man ein für Nutzpflanzen geeignetes Insektizid einsetzen.

Tausendfüßler

Tausendfüßler haben zwei Paar Beine an jedem Körperabschnitt und bewegen sich langsamer als ein Hundertfüßler. Sie fressen alle Pflanzenteile, von jungen Wurzeln über Knollen, Knospen und Stängel bis hin zum Keimling.

Setzen Sie ein Insektizid ein und säubern Sie den Boden um die Pflanze herum von Abfällen. Durch Hacken verhindert man, dass die Tiere sich unter der Bodenoberfläche verstecken können.

Grauschimmelpilz

Grauschimmel ist eine zerstörerische Pilzerkrankung, die an Schnittstellen und Verwundungen in die Pflanze eindringt. Der Pilz erscheint als pelziger Belag auf Blättern, Stängeln und Blüten, besonders dort wo Feuchtigkeit und schlechte Belüftung vorherrschen.

Vermeiden Sie zu dichte Pflanzung und entfernen Sie alle befallenen Teile, damit die Krankheit sich nicht weiter ausbreiten kann.

Gehäuseschnecken

Gehäuseschnecken sind ebenso wie die Nacktschnecken nachtaktiv und besonders schädigend bei warmem und feuchtem Wetter. Sie fressen Blätter und reißen Stängel ab.

Bereits beim ersten Auftreten aufsammeln und vernichten. Benutzen Sie Schneckenkorn. Nach Regenschauern erscheinen die Schnecken in großer Anzahl.

Dickmaulrüssler

Für den käferartigen Dickmaulrüssler ist der zweigeteilte Rüssel charakteristisch. Seine Larven sind beinlose Maden und beide, der entwickelte Käfer und dessen Larven, ernähren sich von Wurzeln, Stängeln und Blättern. Sie vernichten die Pflanzen schnell und machen sie unansehnlich.

Regelmäßig mit einem für Nutzpflanzen geeigneten Insektizid besprühen.

Drahtwürmer

Drahtwürmer sind die Larven des Schnellkäfers, welcher Wurzeln, Stängel, Knospen und Knollen frisst. Man findet sie in Neuanlagen, die auf ehemaligen Rasenflächen entstehen.

Die Ausrottung der Larven rund um die Pflanze beugt einer Verseuchung vor. Ebenso hilft regelmäßiges Auflockern des Bodens und der Einsatz eines Insektizids.

Kellerasseln

Die Kellerassel ist ein Schädling mit einer harten Außenhaut und lebt an feuchten, dunklen Plätzen. Nachts kommt sie heraus und frisst Pflanzenstängel, Wurzeln und Blätter. Kräuter, die bei alten Gebäuden wachsen, sind besonders gefährdet, da die Kellerasseln in und an altem Gemäuer lauern.

Entfernen Sie alle Abfälle in der Umgebung und besprühen Sie den Boden mit einem Insektizid.

Minzrost

Minzrost ist eine stark zerstörerische Krankheit, die man, ohne die befallenen Pflanzen auszugraben und zu verbrennen, kaum eindämmen kann. Das erste Auftreten zeigt sich im Frühling, indem sich pustelartige, zuerst orangefarbene, später schwarze Sporen an den Stängeln bilden.

Hier hilft nur, gesunde Pflanzen zu kaufen, die man dann in saubere und frische Erde einpflanzt.

Nacktschnecken

Nacktschnecken sind zerstörend und vernichten die Pflanzen schnell. Besonders lästig sind sie bei warmem, feuchtem Wetter, wenn sie alle Pflanzenteile abfressen. Da sie vorwiegend nachts fressen, sieht man sie nicht immer.

Benutzen Sie Schneckenkorn oder sammeln Sie die Tiere ein und vernichten Sie sie. Stellen Sie sicher, dass das Schneckenkorn keine Gefahr für Haus- und Wildtiere darstellt.

Der Gebrauch von Pflanzenschutzmitteln

Wenn Sie Pflanzenschutzmittel einsetzen, beachten Sie die Herstelleranweisung und waschen Sie nach Gebrauch alle Gerätschaften gründlich ab. Überprüfen Sie außerdem, ob das Mittel für Nutzpflanzen geeignet ist, und halten Sie den empfohlenen Zeitraum zwischen dem Einsatz des Mittels und der Ernte ein.

Sicherheit zuerst

- Lagern Sie Pflanzenschutzmittel außer Reichweite von Kindern und Tieren und stellen Sie sicher, dass die Flasche oder Verpackung gekennzeichnet ist.
- Mischen Sie keine Pflanzenschutzmittel miteinander, es sei denn, Sie werden ausdrücklich dazu aufgefordert dies zu tun.
- Falls Ihnen ein Unfall passiert, holen Sie sofort ärztlichen Rat ein – nehmen Sie die Chemikalie und die Verpackung mit.

Glossar

Abhärten
Pflanzen, die Ende des Winters oder Anfang des Frühjahrs im Gewächshaus gezogen wurden, langsam an Freilandbedingungen (Temperatur) gewöhnen, damit sie später ins Freiland gepflanzt werden können.

Anzuchtkästen
Mit Glas oder Plastikhauben abgedeckte, oft beheizbare, Kästen, in denen die Keimung der Samen gefördert und die Wurzelbildung bei Stecklingen beschleunigt wird.

Ätherisches Öl
Ein flüchtiges Öl, das normalerweise den typischen Duft der Pflanze hat, aus der es gewonnen wurde. Es kommt bei Parfüms und als Aromastoff zum Einsatz.

Ausdünnen
Zu dicht stehende Sämlinge entfernen (die gesunden stehen lassen), damit die restlichen mehr Platz haben und sich gut und kräftig entwickeln können.

Bauerngarten
Hier wachsen Kräuter, Gemüse, Früchte und Blumenmischungen zusammen, die in einem lockeren, ländlichen Stil angepflanzt wurden.

Blanchieren
Manchmal wird diese Methode angewendet, damit Kräuter ihre ursprüngliche Farbe beim Trocknen behalten. Dazu taucht man die Kräuter für ein paar Sekunden in kochendes Wasser. Durch das Blanchieren wird die Fermentierung gestoppt.

Bouquet garni
(frz.) Ein Strauß gemischter Kräuter, der zusammengebunden oder in Leinen gewickelt als Würzung dem Essen beigegeben wird, auch zu Suppen, Eintöpfen und Soßen.

Drogist
Eine Person, die Arzneimittel und Medikamente herstellt und verkauft. Früher war dieser Begriff geläufig, heute nennt man diese Person Apotheker.

Einjährige Pflanze
Eine Pflanze, die aus Samen gezogen wird, blüht und innerhalb des gleichen Jahres abstirbt. Einige Kräuter wie Borretsch und Dill sind einjährig. Es gibt auch Kräuter, z. B. die Petersilie, die eigentlich zweijährig sind, aber ausschließlich als einjähriges Kraut angebaut werden. Sehen Sie auch unter winterharten Einjährigen sowie unter halbharten Einjährigen nach.

Fines herbes
(frz.) Bezeichnung für fein gehackte Kräuter. Sie werden frisch oder getrocknet zum Würzen und Aromatisieren von Soßen eingesetzt.

Garnierung
Kräuter, ob ganz oder gehackt, die dazu dienen, Gerichte optisch aufzuwerten und ihnen noch andere Aromen zu geben.

Halbharte Einjährige
Pflanzen, die früh im Jahr in der Wärme vorgezogen und später bei Wetterbesserung nach draußen verpflanzt werden.

Halbreife Stecklinge
Methode der Pflanzenvermehrung bei Gehölzen und einigen Kräutern. Am Ende des Stecklings bleibt ein Teil ausgereiften Gewebes bzw. Holzes erhalten.

Heilkräuter
Kräuter, deren Wurzeln, Blätter, Stängel oder Blüten heilende und lindernde Kräfte haben.

Heilpflanzen-Gärten
Dies sind Gärten oder Flächen, die vorwiegend zur Aufzucht von Heilpflanzen dienen.

Herbarium
Ein Buch mit Namen und Beschreibungen von Kräutern und Pflanzen sowie deren Anwendung und Eigenschaften.

Immergrün
Beschreibt Pflanzen, die kontinuierlich das ganze Jahr hindurch Blätter abwerfen und neu bilden. Daher entsteht der Eindruck, dass diese Pflanzen immer die gesamte Blattmenge haben und somit „immer grün" sind. Viele Bäume, Sträucher und Nadelbäume sind immergrün.

Keimung
Ein Prozess, der innerhalb des Samenkorns beginnt, wenn ausreichend Feuchtigkeit, Luft und Wärme gewährleistet sind. Die Samenhülle platzt auf und ein Keimblatt (oder -blätter) wächst zum Licht hin heraus. Zur gleichen Zeit entwickelt sich eine Wurzel. Dennoch beginnt für die meisten Gärtner die Keimung erst dann, wenn sie Keimblätter aus der Erde herauskommen sehen.

Komposterde (Substrat)
Eine Mischung, in die Stecklinge eingesetzt, Samen ausgesät und Pflanzen um- oder eingetopft werden. Die gleiche Bezeichnung gilt für bereits kompostierte Pflanzenabfälle, besser bekannt als Gartenkompost.

Kräutertee
Aufguss von einzelnen oder mehreren Kräutern als Erfrischungsgetränk oder Heiltee.

Kulinarisch
In Verbindung mit Kochen und Küche.

Nosegay
Ein alter englischer Ausdruck für einen kleinen, duftenden Blumenstrauß.

Nutzgarten
Ein Begriff für locker gestaltete Gärten mit Kräutern, Gemüse, Obst und Blumenmischungen.

Pikieren
Junge Keimlinge aus der Anzuchtschale nehmen, um sie mit größeren Abständen in Töpfe oder Beete zu übertragen, damit sie dort besser weiterwachsen können. Die Keimlinge werden vereinzelt.

Pikierholz
Ein bleistiftähnlicher Stab mit abgerundetem Ende. Wird benötigt, um Sämlinge zwecks Vereinzelung in Pflanzschalen einzubringen und um Stecklinge in Töpfe oder Schalen mit Substrat einzusetzen. Größere und dickere Pflanzhölzer werden beim Auspflanzen von Gemüse wie z. B. Lauch, Kohl und Blumenkohl benutzt.

Potpourri
Mischung aus stark duftenden Blütenblättern und Gewürzen, die zum Beduften von Räumen verwendet werden.

Potpourri-Schale
Eine meist apfelförmige Schale mit Deckel, in der eine Mischung aus stark duftenden Blütenblättern aufbewahrt wird. Früher glaubte man sich dadurch vor Ansteckungen mit Krankheiten schützen zu können. Heute verwendet man sie als Raumduftspender.

Saatschale
Flache Schale, in der die Samen breit ausgesät werden und die Keimlinge dann wachsen können.

Sauce tartare
Siehe Tartar-Soße

Schießen
Beschreibt Pflanzen, die vorzeitig Samen bilden, aber kein normales, konstantes Wachstum zeigen. Ursache hierfür können Dürre, heißes Wetter oder sehr magerer Boden sein.

Selbstaussaaten
Keimlinge, die sich rund um die Mutterpflanze selbst ausgesät haben.

Sommergrüne Pflanzen
Eine Pflanze, die mit Eintreten der Ruhephase ihre Blätter verliert. Dies betrifft meist Gehölze sowie Bäume, Sträucher und manche Kletterpflanzen. Nur wenige Nadelbäume gehören zu den laubabwerfenden Gehölzen.

Sorte
Pflanzen, die kultiviert wurden und sich durch ein oder mehrere Merkmale von anderen unterscheiden (Varietät). Früher wurden alle vorkommenden Varianten, egal ob wildwachsend oder kultiviert, als „Varietät" bezeichnet. Der Begriff „Varietät" ist den Gärtnern schon seit vielen Jahrzehnten bekannt und wird immer noch häufig verwendet.

Substrat
Siehe Komposterde

Tartar-Soße (Sauce tartare)
Soße aus Mayonnaise, gemischt mit gehackten Zwiebeln, Schnittlauch, Gewürzgurken und Kapern; wird gerne zu Fisch gereicht.

Winterharte Einjährige
Der Samen kann gleich an Ort und Stelle im Freiland ausgesät werden. Die Keimung beginnt und die Pflanze wächst und blüht innerhalb eines Jahres. Danach stirbt sie ab.

Winterharte Pflanzen
Pflanzen, die in gemäßigtem Klima im Freiland überwintern können.

Wurzelschnittlinge
Methode der vegetativen Pflanzenvermehrung, wobei bestimmten Pflanzen Teilstücke der Wurzel abgeschnitten und dann entweder vertikal oder horizontal in Töpfe oder Saatschalen mit gut durchlüfteter Anzuchterde eingesetzt werden.

Zehe
Ein Segment einer Knoblauchknolle.

Zweijährige Pflanze
Eine Pflanze, die aus Samen gezogen wird, im ersten Jahr wächst und im zweiten Jahr blüht. Danach stirbt sie ab.

Register

Bildnachweis

Richo Cech von Horizon Herbs, LLC
Thompson & Morgan
SAMMÜLLER KREATIV GmbH